Índice

- INTRODUCCIÓN 8
- ¿QUÉ ES DOCKER? 9
- INSTALANDO DOCKER 10
  - INSTALANDO DOCKER EN REDHAT / CENTOS 10
  - INSTALANDO DOCKER EN DEBIAN / UBUNTU 15
  - INSTALANDO DESDE SCRIPT 18
  - INSTALARLO EN WINDOWS 18
  - INSTALARLO EN MAC 19
- DESPLEGANDO EL PRIMER DOCKER 20
  - DESPLIEGUE BÁSICO DE UN CONTENEDOR 20
  - ¿QUÉ ES DOCKERHUB? 21
  - ¿CÓMO SABEMOS QUE IMÁGENES Y VERSIONES HAY DISPONIBLES? 22
  - COMO ESTABLECER UN NOMBRE AL CONTENEDOR 24
- OPERACIONES BÁSICAS EN CONTENEDORES 27
- REDES 33
  - ¿QUÉ SON LAS REDES DE DOCKER? 33
  - LISTANDO REDES EXISTENTES 34
  - CREANDO REDES 34
  - ELIMINANDO REDES 38
  - VER MÁS INFORMACIÓN DE UNA RED 40
- VOLÚMENES 41
  - CREAR UN VOLUMEN 41
    - *Parámetros* 42
    - *Montar volumen en un contenedor* 44
    - *Montar un contenedor con tmpfs* 45
  - CREAR UN BIND 46
    - *Ejemplo1: Crear un bind de un fichero* 46
    - *Ejemplo2: Crear un bind con un directorio* 47
  - ELIMINAR UN VOLUMEN 48
  - GESTIÓN DE VOLÚMENES 49
    - *Ver información de un volumen* 49
    - *Listar volúmenes* 49
    - *Limpiar volúmenes no usados* 50
- IMÁGENES 51
  - LISTAR IMÁGENES DISPONIBLES EN LOCAL 51
  - BUSCAR IMÁGENES 52
  - DESCARGAR IMÁGENES 53

    Ver información de una imagen 55
    Exportar e importar imágenes 58
        Como guardar una imagen a un fichero 58
        Como importar un fichero de imagen a imagen de docker 59

GESTIÓN DE CONTENEDORES 61

    Ejecutar comandos en un contenedor 62
    Obtener la Shell de un contenedor 64
    Distintas opciones para levantar un docker 65
        Arrancar el contenedor con un nombre específico 65
        Arrancar la maquina con TTY y Shell interactiva 66
        Ejecutar un comando al inicio de un contenedor 67
        Arrancar el contenedor hacer que se elimine al pararlo 68
        Arrancar el contenedor con una red especifica 69
        Arrancar el contenedor con una IP especifica 69
        Publicar puertos de un contenedor 70
        Arrancar un contenedor con una variable de entorno establecida 71
        Política de autoreinicio 71
        Crear un contenedor sin arrancarlo 73
        Modo privilegiado 74
        Arrancar un contenedor con systemd 75
        Link entre contenedores 76
        Actualizar fichero /etc/hosts 77
    Límites y reservas de memoria y CPU 78
    Como parar un contenedor de inmediato 81
    Ver estadísticas de los contenedores 81
    Ver información de un contenedor 82
    Renombrar un contenedor 84
    Actualizar la configuración de un contenedor 85
    Pausar y Reanudar un contenedor 87
    Ver mapeo de puertos de los contenedores 88
    Copiar fichero a docker sin volúmenes 89
    Ver logs de un contenedor 91
    Diferencias en los contenedores 92

DOCKER SYSTEM 93

    Ver información de un host de docker 93
    Ver uso de disco de cada contenedor 94
    Ver eventos en tiempo real 96
    Eliminar residuos de docker 96

BACKUPS Y RESTORES 98

CREANDO Y USANDO TU PROPIA IMAGEN 100

    Crear imagen a partir de un contenedor 100

DOCKERFILES 102
   Comandos de dockerfile *102*
   Nuestro primer dockerfile... *110*
  SUBIR UNA IMAGEN A DOCKERHUB 113

CONFIGURACIÓN DEL SERVICIO DE DOCKER **121**

USAR UN DOCKER REGISTRY PROPIO **124**

  CREAR UN DOCKER REGISTRY 124
   Crear un servidor de docker registry simple *124*
   Crear un servidor de docker registry sobre HTTPS: *125*
   Crear docker registry con autenticación... *127*
  USAR UN DOCKER REGISTRY 128
  PONIÉNDOLE INTERFAZ GRÁFICA AL DOCKER REGISTRY 132

GESTIÓN AVANZADA DE DOCKER **135**

  DOCKER-COMPOSE 135
   Primeros pasos con docker-compose *135*
   Sintaxis básica de docker-compose.. *138*
  PORTAINER.IO 155
   Desplegar portainer *155*
   Uso de portainer... *161*
  MÉTRICAS CON PROMETHEUS 169
   Configurando Docker *169*
   Preparando el deploy de Prometheus *170*

DESPLIEGUE DE APLICACIONES **172**

  CREANDO EL SERVIDOR DE MYSQL... 172
   Directorios de volumen de MySQL *172*
  CREAR SERVIDOR DE ZABBIX 173
  PANEL DE CONTROL WEB DE ZABBIX 174

ORQUESTADORES **176**

  KUBERNETES 176
  DOCKER SWARM 176
  DOCKER VS KUBERNETES 177

PYTHON Y API DE DOCKER **178**

  INSTALANDO EL PAQUETE DE API DE DOCKER 178
  POR DONDE EMPEZAMOS 179
   Declaramos el docker usado.. *179*
   Crear contenedor y arrancarlos *180*
   Listar contenedores... *180*
   Arrancar y parar contenedores *182*

Listar imágenes...*184*
AGRADECIMIENTOS **186**

Introducción

Este libro pretende enseñar conceptos básicos de docker así como algunos trucos para manejarse con fluidez con esta plataforma.

El lector de este libro adquirirá conocimientos relacionados con creación y administración de contenedores, redes imágenes, volúmenes, etc.

Así el lector estará preparado para trabajar con una plataforma docker e incluso crear imágenes y automatizar partes del trabajo del día a día con docker.

Para comentarnos cualquier mejora del libro o errata encontrada puedes dirigirte a https://aprendeit.com/contacto/

¿Qué es docker?

Nada mejor que definirlo como lo hacen los creadores de docker en su página web ¨*Docker es una herramienta diseñada para facilitar la creación, implementación y ejecución de aplicaciones mediante el uso de contenedores. Los contenedores permiten a un desarrollador empaquetar una aplicación con todas las partes que necesita, como bibliotecas y otras dependencias, y enviarla como un paquete. Al hacerlo, gracias al contenedor, el desarrollador puede asegurarse que la aplicación se ejecutará en cualquier otra máquina Linux, independientemente de cualquier configuración personalizada que pueda tener la máquina que podría diferir de la máquina utilizada para escribir y probar el código.*
En cierto modo, Docker es un poco como una máquina virtual. Pero a diferencia de una máquina virtual, en lugar de crear un sistema operativo virtual completo, Docker permite que las aplicaciones usen el mismo kernel de Linux que el sistema en el que se ejecutan y solo requiere que las aplicaciones se inicialicen con datos/aplicaciones que no se ejecutan en el dispositivo host. Esto proporciona un aumento significativo del rendimiento y reduce el tamaño de la aplicación.
Y lo más importante, Docker es de código abierto. Esto significa que cualquiera puede contribuir a Docker y extenderlo para satisfacer sus propias necesidades si necesitan funciones adicionales que no están disponibles de fábrica.¨

Es decir, docker hacer que una aplicación se ejecute en un entorno aislado y probado con todas las dependencias instaladas. Este entorno es un contenedor y a diferencia de una máquina virtual, comparte el ¨*Kernel*¨ del sistema con la maquina anfitrión. Esto tiene la ventaja de que con actualizar el kernel del sistema se actualiza el kernel de las máquinas virtuales. Por otro lado la forma de crear un contenedor es a partir de una ¨*imagen*¨ esto es el conjunto de ficheros necesarios para crear un contenedor. Se puede distribuir o subir a un ¨docker hub¨ que es un repositorio de imágenes. Todo esto lo veremos en profundidad más adelante.

Instalando Docker

Según el sistema operativo y la distribución se instalará de una forma diferente. Es aconsejado usar Linux pero si eres usuario de Windows o Mac te facilitaré un enlace para que puedas instalarlo en tu sistema.

Instalando docker en RedHat / Centos

En los sistemas basados en RedHat como CentOS, utilizaremos yum para instalar el sistema docker.

Lo primero es desinstalar cualquier utilidad de docker que tengamos instalada, para eso ejecutamos el comando

```
sudo yum remove docker docker-common docker-selinux docker-engine
```

Como se puede ver en el ejemplo

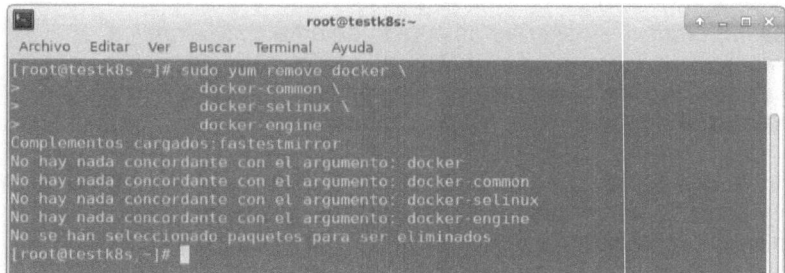

Después instalamos dependencias necesarias para realizar la instalación ejecutando

```
[root@testk8s ~]# sudo yum install -y yum-utils   device-mapper-persistent-data    lvm2
[root@testk8s ~]#
```

Podemos ver en el ejemplo el resultado de la ejecución

A continuación añadimos el repositorio de docker ejecutando la línea

```
[root@testk8s ~]# sudo yum-config-manager --add-repo
https://download.docker.com/linux/centos/docker-ce.repo
[root@testk8s ~]#
```

Esto es lo que aparecería en un sistema real

Una vez añadido el *repo*, lo activamos y ejecutamos el comando para instalar docker

```
[root@testk8s ~]# sudo yum-config-manager --enable docker-ce-edge && sudo yum-config-manager --enable docker-ce-test && sudo yum-config-manager --disable docker-ce-edge && sudo yum install docker-ce -y

[root@testk8s ~]#
```

El resultado de la ejecución sería el siguiente

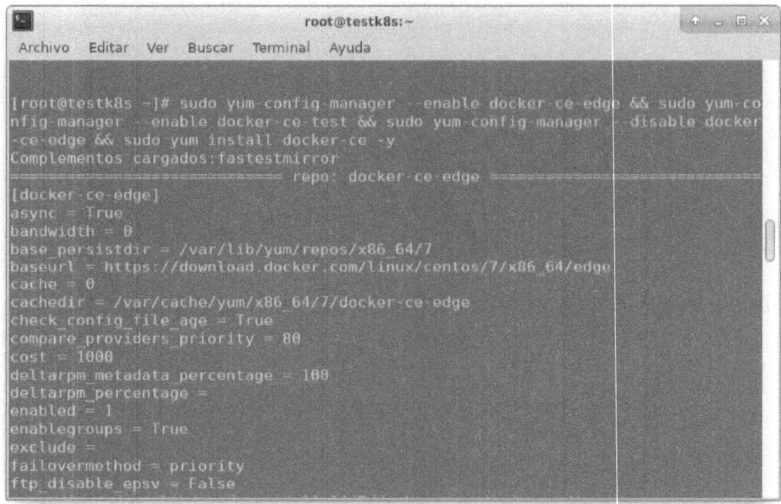

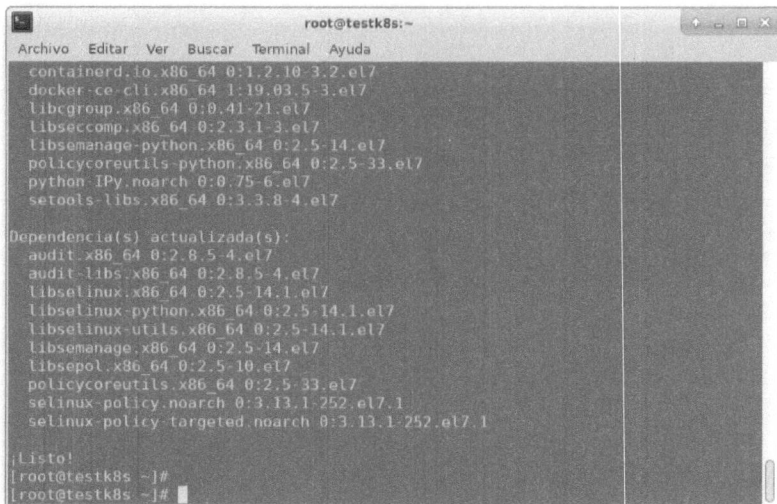

En este momento ya tendríamos instalado docker pero el servicio que necesita para funcionar no arrancaría de forma automática ni estaría arrancado el en este momento, para hacer que se ejecute al arranque y arranque en este momento ejecutamos lo siguiente

```
[root@testk8s ~]# systemctl enable docker && systemctl start docker
[root@testk8s ~]#
```

Tras hacer esto, si ejecutamos el siguiente comando, nos debería responder con los contenedores activos en este momento (que no sería ninguno)

```
docker ps
```

Todo lo explicado podemos verlo en la siguiente imagen

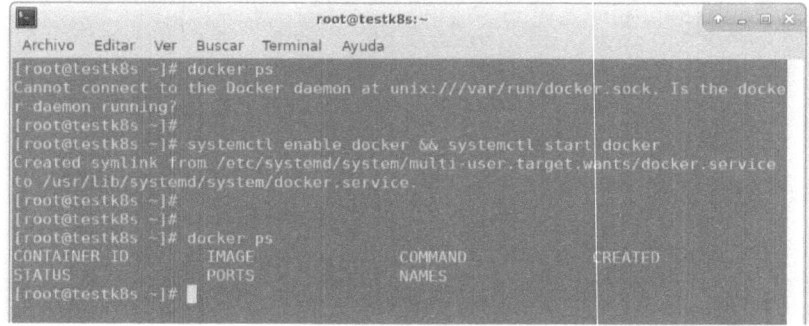

Para cualquier problema instalado docker en un CentOS o RedHat consulta la guía oficial de instalación en
https://docs.docker.com/install/linux/docker-ce/centos/ en caso de ser Fedora puedes hacerlo en
https://docs.docker.com/install/linux/docker-ce/fedora/

Instalando docker en Debian / Ubuntu

La instalación de Debian puro y de Ubuntu difiere un poco por lo que veremos las instalaciones y marcaremos las diferencias por pasos.

1. Elimina las instalaciones de docker existentes

   Para eliminar instalaciones existentes debes ejecutar desde un terminal lo siguiente:

   ```
   $ sudo apt-get remove docker docker-engine docker.io containerd runc
   ```

   Esto mostrará las instalaciones que va a eliminar y pedirá confirmación .

2. Instala el repositorio y dependencias

   ## Lo primero actualizamos los repositorios y listado de paquetes de cada repo:

   ```
   $ sudo apt-get update
   ```

   Después instalamos las dependencias necesarias con:

   ```
   $ sudo apt-get install \
        apt-transport-https \
        ca-certificates \
        curl \
     gnupg2 \
        software-properties-common
   ```

   Después de instalar las dependencias debemos instalar el repositorio para instalar docker, para ello primero instalamos la *key* del repo:

   ```
   $ curl -fsSL https://download.docker.com/linux/debian/gpg | sudo apt-key add -
   ```

Verificamos que la *key* es correcta:

```
$ sudo apt-key fingerprint 0EBFCD88
pub    4096R/0EBFCD88 2017-02-22
       Key fingerprint = 9DC8 5822 9FC7 DD38 854A   E2D8
8D81 803C 0EBF CD88
uid                  Docker Release (CE deb)
<docker@docker.com>
sub    4096R/F273FCD8 2017-02-22
```

Este repositorio estará disponible para los sistemas Debian de las siguientes arquitecturas:

- x86_64 / amd64
- armhf
- arm64

Para instalar el repositorio ejecutamos, si queremos instalar los paquetes de una arquitectura distinta tenemos que modificar el parametro *arch* que actualmente tiene la arquitectura amd64 (soporta amd64 y x86_64) por armhf o arm64 dependiendo de la arquitectura requerida:

```
$ sudo add-apt-repository \
    "deb [arch=amd64]
https://download.docker.com/linux/debian \
    $(lsb_release -cs) \
    stable"
```

3. Instala docker

Para instalar docker instalamos los paquetes desde el repositorio, para ello primero actualizamos el listado de repositorios y paquetes con:

```
$ sudo apt-get update
```

Después ejecutamos el siguiente comando para instalar los paquetes de docker:

```
$ sudo apt-get install docker-ce docker-ce-cli containerd.io
```

Cuando se complete la instalación debemos ejecutar (siempre que tengamos un debian con systemd):

```
$ systemctl enable docker
$ systemctl start docker
```

Con esto ya tenemos el sistema preparado para levantar contenedores docker.

Para cualquier problema instalado docker en un Debian puedes ver la el proceso de instalación recomendado en https://docs.docker.com/install/linux/docker-ce/debian/ en el caso de ser Ubuntu necesitas seguir el siguiente enlace ya que cambian las librerías y repositorios un poco https://docs.docker.com/install/linux/docker-ce/ubuntu/

Instalando desde script

Si tenemos un sistema que no está listado en las formas anteriores de instalación o bien no queremos instalar el repositorio y queremos hacer la instalación desde un script automatizado tenemos esta opción de instalación.

Para instalar docker desde un script tenemos que seguir los siguientes pasos:

1. Descarga el script de instalación:

   Para ello solo tienes que ejecutar el siguiente comando:

   ```
   $ curl -fsSL https://get.docker.com -o get-docker.sh
   ```

2. Ejecuta el script de instalación

   ```
   $ sudo sh get-docker.sh
   ```

   Con esto se quedaría instalado pero necesitamos continuar con el siguiente punto para tener la capacidad de levantar contenedores docker.

3. Levanta los servicios de docker

   Cuando instalamos docker, por defecto no levanta el servicio, este servicio es necesario para levantar contenedores. Para levantar el servicio de docker en sistemas con *systemd* ejecuta:

   ```
   $ systemctl enable docker
   $ systemctl start docker
   ```

Instalarlo en Windows

Para instalarlo en Windows puedes visitar
https://docs.docker.com/docker-for-windows/install/

Instalarlo en Mac

Para instalarlo en Mac puedes ver la guía detallada en https://docs.docker.com/docker-for-mac/install/ donde podrás ver paso a paso como instalarlo

Desplegando el primer docker

Despliegue básico de un contenedor

Lo primero a tener en cuenta es que los contenedores tienen que levantarse con el usuario que se ha instalado docker, por defecto *root* por lo que para levantar de un contenedor docker de forma sencilla, desde el usuario *root* podemos ejecutar:

```
root@host :~# docker run -it -d centos bash
baa210f5bc8e5831e66f59886badbd590942709ed77c70ccbbbb43ce72fcb491
root@host :~#
```

Eso levantará un contenedor con la plantilla "*centos*" release "*7*", que en mi caso ya tenía descargada y en caso de no estar descargada se hubiese descargado de forma automática desde dockerhub. Dentro de este capítulo, veremos más adelante como levantar contenedores con múltiples opciones específicas para cada caso.

¿Qué es dockerhub?

Dockerhub es un repositorio de imágenes para docker, en el se pueden encontrar multitud de imágenes creadas por la comunidad para distintos propósitos. También veremos cómo crear y subir estas imágenes.

En definitiva, Dockerhub es el repositorio oficial de imágenes de docker.
En este repositorio podemos encontrar tanto imágenes oficiales como imágenes subidas por otros usuarios.

Siempre debemos intentar utilizar las imágenes oficiales para evitar problemas de seguridad y otros tipos de problemas.

Otra parte que tiene dockerhub es que se puede crear un repositorio de una imagen propia subiendo nuestro dockerfile como veremos más adelante.

También hay que destacar que para proyectos privados aunque dockerfile ofrece una parte Premium, yo particularmente prefiero utilizar un *docker registry* (repositorio de imágenes de docker) propio.

Las ventajas de un *docker registry* propio son varias, entre otras está el espacio limitado a los recursos de nuestro servidor de *docker registry* (puede ser ventaja o desventaja dependiendo del espacio disponible) y la privacidad de nuestro repositorio, es decir, tendrá acceso al repositorio quien nosotros queramos y cuando nosotros lo deseemos.

Esto es bastante interesante cuando tenemos un proyecto que no es abierto y no queremos mostrar al público lo que instalamos y/o cuando incluimos código que no queremos divulgar en internet en la imagen de docker.

Para proyectos que no sean públicos y de código abierto, usaría un *docker registry* propio.

La web de dockerhub es https://hub.docker.com/ y en ella se pueden consultar el listado de imágenes disponibles en el buscador.

¿Cómo sabemos que imágenes y versiones hay disponibles?

Para saber que imágenes existen de un determinado sistema podemos utilizar el comando:

```
root@ger:~# docker search centos
NAME                                DESCRIPTION
STARS           OFFICIAL            AUTOMATED
centos                              The official build of
CentOS.                 5739                                [OK]
ansible/centos7-ansible             Ansible on CentOS7
126                                                         [OK]
jdeathe/centos-ssh                  OpenSSH / Supervisor /
EPEL/IUS/SCL Repos - …  114
[OK]
consol/centos-xfce-vnc              Centos container with
"headless" VNC session… 101
[OK]
centos/mysql-57-centos7             MySQL 5.7 SQL database
server                  66
root@ger:~#
```

Pero como podéis ver, hay imágenes de la comunidad las cuales no son oficiales, si queremos evitar esas imágenes podemos buscar solo las oficiales con:

```
root@ger:~# docker search --filter "is-official=true" centos
NAME            DESCRIPTION                             STARS
OFFICIAL        AUTOMATED
centos          The official build of CentOS.   5739
[OK]
root@ger:~#
```

Antes creamos un contenedor con *"docker run -it -d centos bash"* lo cual crea el contenedor con la última versión disponible de esa imagen, si quisiésemos crear un contenedor con una versión o *tag* especifica debemos hacerlo ejecutando *"docker run -it -d imagen:tag bash"* por ejemplo en caso de querer crear un contenedor con una imagen de CentOS 7, debemos hacerlo así: *"docker run -it -d centos:7 bash"*

Si queremos ver el listado de tags disponibles para una imagen podemos verlo en la web
https://hub.docker.com/_/ubuntu?tab=tags sustituyendo Ubuntu por el sistema que estamos buscando, por ejemplo CentOS:
https://hub.docker.com/_/centos?tab=tags
Cuando accedamos a esta web, a la izquierda veremos los tags.

Otra opción para buscar los tags de una imagen en dockerhub es la utilidad que hemos subido a nuestro repositorio github: https://github.com/AprendeIT/docker_image_tag_search , el repositorio contiene un README.md que nos explica como instalar y usar esta utilidad. Cuando la ejecutamos nos devolverá el tag que hay que poner en el comando de creación del contenedor (*"docker run -it -d imagen:TAG bash"*).

Como establecer un nombre al contenedor

Por defecto cuando creamos un contenedor con docker lo crea con un nombre aleatorio y un identificador, el contenedor se puede gestionar con el identificador o con el nombre aleatorio pero es más difícil de gestionar y sobre todo más difícil de recordar el uso que le estamos dando a este contenedor. Por ejemplo este es el contenedor creado en el ejemplo donde creamos el primer contenedor:

```
root@ger:~# docker ps
CONTAINER ID        IMAGE               COMMAND
CREATED             STATUS              PORTS
NAMES
d784530f06ee        centos              "bash"              2
hours ago           Up 2 hours
keen_pasteur
root@ger:~#
```

Como se puede ver en el ejemplo, hemos marcado en negrita el nombre del contenedor y el identificador alfanumérico. No es fácil de recordar este nombre ni el identificador y menos relacionarlo con la actividad a la que se va a dedicar, es mucho mejor que nosotros establezcamos un nombre al contenedor, esto se puede hacer creando el contenedor con la opción "*--name*".

Por ejemplo si queremos llamar al contenedor "*mi_contenedor*" con una imagen CentOS 7 debemos crearlo con el comando *"docker run **--name mi_contenedor**-it -d centos:7 bash"* con esto ya le aplicaríamos el nombre elegido:

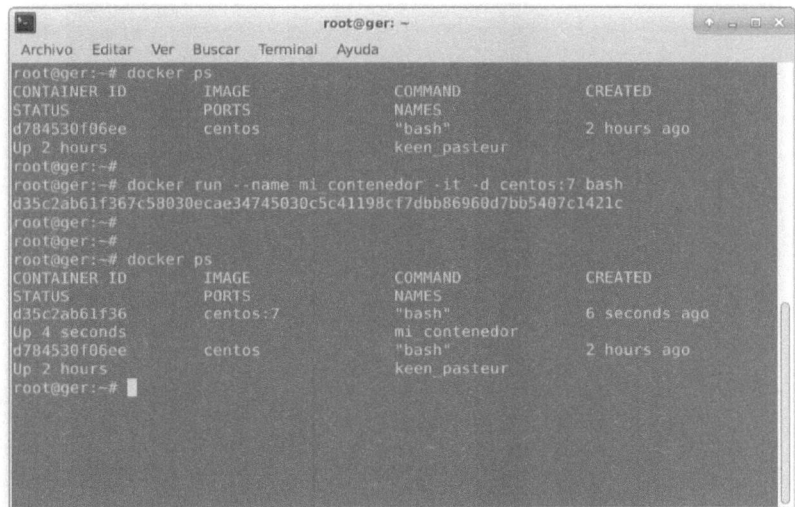

Aunque tenga aplicado el nombre "*mi_contenedor*" internamente el contendor tendrá el hostname del identificador (*d35c2ab61f36*) porque no le hemos especificado hostname, para hacerlo tenemos que especificar la opción "*--hostname*" para hacer la creación anterior aplicando el hostname se haría ejecutando *"docker run --name mi_contenedor --hostname mi_contenedor -it -d centos:7 bash"* el resultado de esta ejecución sería la misma, pero si entramos al contenedor veremos la diferencia:

```
root@ger:~# docker run --name mi_contenedor --hostname
mi_contenedor -it -d centos:7 bash
4b257590f76f8068cbc50e349bbfcafcdde7e9fad0cdb397d8bf214e74c5df
c3
root@ger:~# docker exec -it mi_contenedor bash
[root@mi_contenedor /]#
```

Visto en la imagen de una ejecución real:

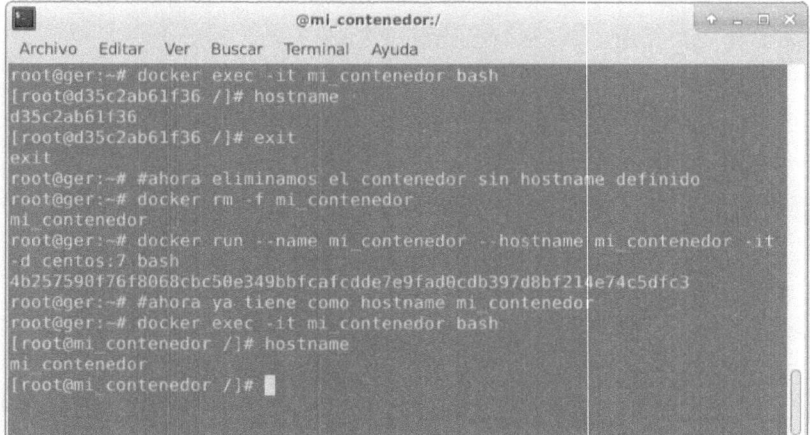

Operaciones básicas en contenedores

En este capítulo exploraremos algunas operaciones básicas para la administración de docker.

Más adelante, **en el capítulo de gestión de contenedores** ampliaremos información sobre algunos de los comandos que veremos a continuación

En los siguientes comandos se hace referencia a "*NOMBRE_CONTENEDOR*" para el nombre del contenedor a administrar esto también hace referencia al identificador o parte de él. Es decir si el identificador es: *"baa210f5bc8e5831e66f59886badbd590942709ed77c70ccbbbb43c e72fcb491"* podemos utilizar "*baa2*" que es el principio del identificador o el identificador completo donde pone "*NOMBRE_CONTENEDOR*" a continuación:

Parar un contenedor
Para parar o apagar un contenedor docker tenemos que ejecutar el comando "*docker stop NOMBRE_CONTENEDOR*"

Ejemplo:

```
root@ger:~#
root@ger:~# docker run --name mi_contenedor --hostname mi_contenedor -it -d ubuntu bash
75e0690435cb8968cc0f05e8f21f0191228b226b0488e8d3ef6bcd53b8c163eb
root@ger:~#
root@ger:~#
root@ger:~# docker ps |grep mi_contenedor
75e0690435cb         ubuntu              "bash"              2 minutes ago
Up 2 minutes
root@ger:~# docker stop mi_contenedor
mi_contenedor
root@ger:~# docker ps |grep mi_contenedor
root@ger:~#
```

Arrancar un contenedor parado
Para arrancar o encender un contenedor docker tenemos que ejecutar el comando "*docker start NOMBRE_CONTENEDOR*"

Ejemplo:

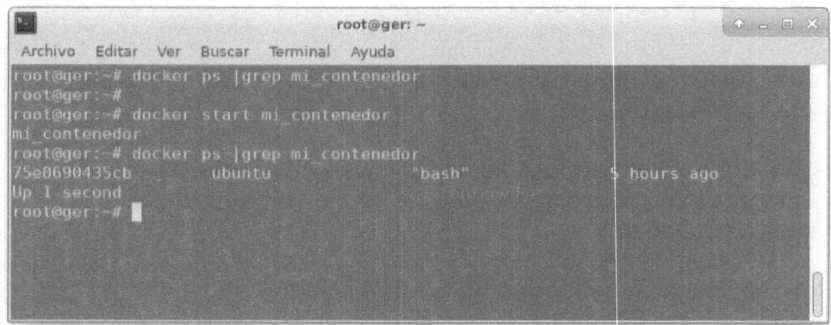

Reiniciar un contenedor
Para arrancar o encender un contenedor docker tenemos que ejecutar el comando "*docker restart NOMBRE_CONTENEDOR*"

Ejemplo:

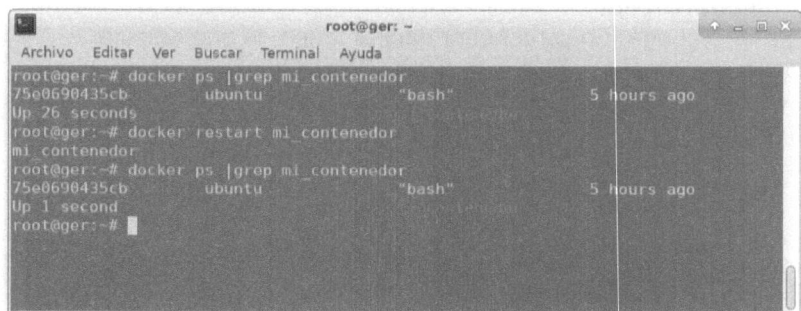

Conectar red a un contenedor existente
Más adelante comentaremos que son las redes
Para conectar una nueva red a un contenedor "*docker network connect NETWORK CONTAINER*". Por ejemplo:

```
root@ger:~# docker network create MI_RED2
0a2c4b2d19d1595eeb47e390d34b95745fc8c48463610cf4fcf6cd3a195684d2
root@ger:~# docker network create MI_RED
3594ffe27b3b84baa09a21db0ae25ba4997a88eeee7048005a2eef9356e10c28
root@ger:~#
root@ger:~#
root@ger:~# docker network connect MI_RED mi_contenedor
root@ger:~# docker inspect mi_contenedor|grep MI_RED
        "": {
root@ger:~# docker inspect mi_contenedor|grep MI_RED2
root@ger:~# docker network connect MI_RED2 mi_contenedor
root@ger:~# docker inspect mi_contenedor|grep MI_RED2
        "": {
root@ger:~#
```

Desconectar una red a un contenedor existente

Para desconectar una red de un contenedor solo hay que ejecutar "*docker network disconnect NETWORK CONTAINER*". Por ejemplo:

```
root@ger:~# docker inspect mi_contenedor|grep MI_RED
        "": {
        "    2": {
root@ger:~# docker network disconnect MI_RED2 mi_contenedor
root@ger:~# docker inspect mi_contenedor|grep MI_RED
        "": {
root@ger:~#
```

Eliminar un contenedor

Un contenedor se puede eliminar de varias formas. La más común es ejecutando el comando "*docker rm CONTENEDOR*", el problema de este comando es que tiene que estar parado, por lo que se puede ejecutar el comando "*stop*" del contenedor y después eliminarlo o si queremos eliminarlo más rápido sin preocuparnos del estado del contenedor podemos añadir la opción "*-f*" al comando anterior, de esta forma el comando quedaría así: "*docker rm -f CONTENEDOR*". Se puede ver un ejemplo de operación real en la siguiente imagen:

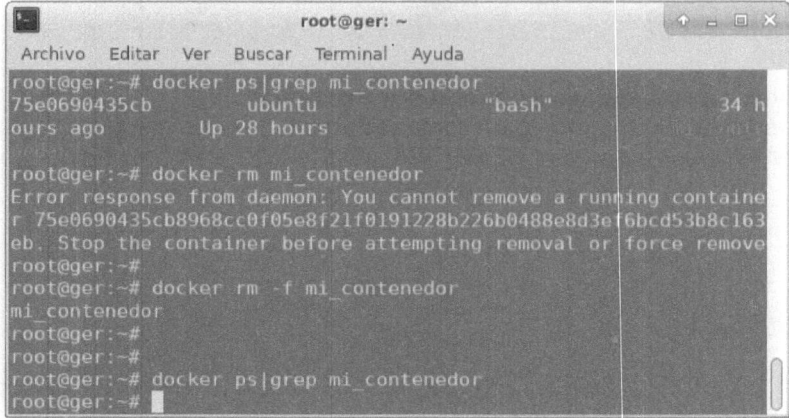

Conectarse a una shell del contenedor

Par conectarse a una shell de un contenedor debemos ejecutar el comando "*docker exec -it CONTENEDOR COMANDO*" es decir para abrir una shell *bash* en un contenedor llamado "*mi_contenedor*" ejecutaríamos "*docker exec -it mi_contenedor bash*" como en el ejemplo:

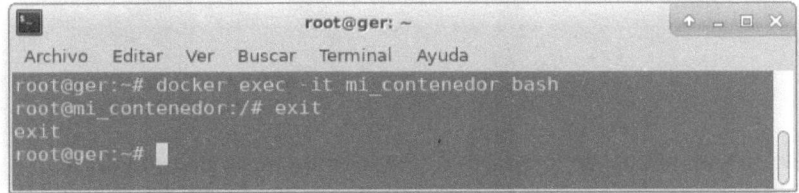

Es posible que en algunas imágenes no nos deje acceder como root por defecto, pero si ejecutamos "*docker exec -u 0 -it mi_contenedor bash*" o "*docker container exec -u 0 -it mi_contenedor bash*" accederemos como root

Ver los procesos de un contenedor

Con el comando "*docker top CONTENEDOR*", con esto veremos el top de procesos de un contenedor sin necesidad de conectarnos al contenedor.
Ejemplo:

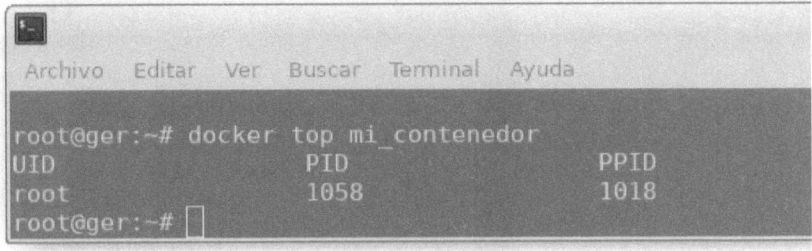

Ver el listado de contenedores

Con el comando "*docker ps*" únicamente veremos el listado de los contenedores levantados. Ejemplo:

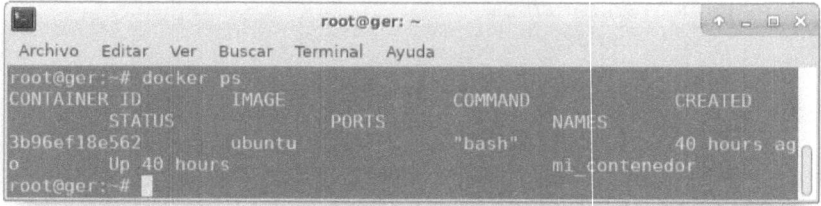

Para ver es el listado de todos los contenedores que tenemos en un sistema sin importar su estado debemos ejecutar "*docker ps -a*", como vemos en el siguiente ejemplo:

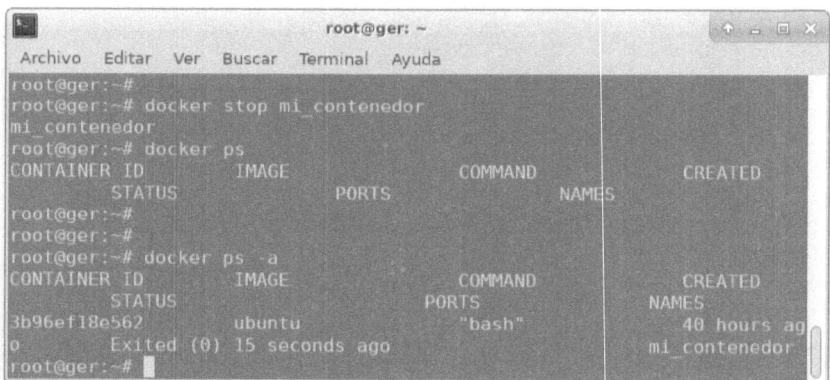

Redes

Ahora que ya hemos visto una creación básica de un contenedor vamos a explicar cómo crear y eliminar y gestionar redes con docker. Más adelante, en el capítulo *"Desplegando docker con opciones avanzadas"* veremos cómo desplegar contenedores con redes y direcciones IP específicas.

¿Qué son las redes de docker?

Las redes de docker son interfaces virtuales de tipo bridge. Este tipo de interfaces como su nombre indica hacen de puente entre varias interfaces. Si conectamos varios contenedores a la misma red, a nivel de sistema se creará una interfaz de tipo *bridge*, todos los contenedores que se creen con esa red crearán una interfaz de red virtual que se asociará con este bridge. Para que sea fácil de entender, es como si conectamos varios equipos fiscos a un mismo *switch* en una misma *VLAN*, tendremos una red privada entre todos ellos.

Listando redes existentes

Con el comando de *docker network ls* podemos listar las redes existentes:

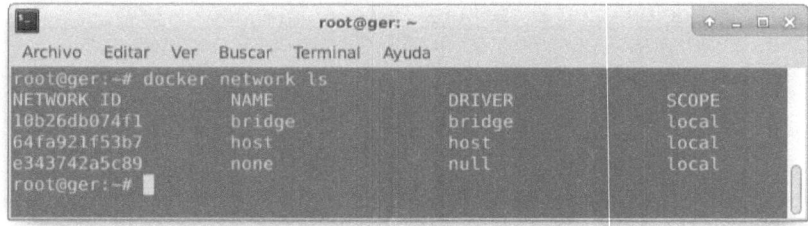

Digamos que la red de docker es un *envoltorio* o una forma de acceder al interfaz de bridge del sistema. Cada red lleva asociado un rango de red que se ofrece de forma dinámica a los contendores. Este rango de red al igual que cual será el bridge que usará la red se puede configurar durante la creación de la red como veremos más adelante.

Creando redes

Para crear una red en tan simple como ejecutar "*docker network create NOMBRE_RED*", como se puede ver en la siguiente imagen:

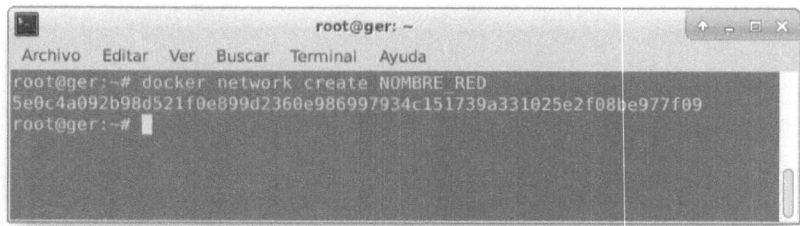

Con esto crearíamos la red únicamente seleccionado el nombre de la red. Se crearía el bridge de forma aleatoria y utilizaríamos un direccionamiento aleatorio. Como podemos ver ejecutando "*docker network inspect NOMBRE_RED*" veremos toda la configuración generada:

```
root@ger:~# docker network inspect NOMBRE_RED
[
    {
        "Name": "NOMBRE_RED",
        "Id": "5e0c4a092b98d521f0e899d2360e986997934c151739a331025e2f08be977f09",
        "Created": "2019-12-29T14:02:04.656692628+01:00",
        "Scope": "local",
        "Driver": "bridge",
        "EnableIPv6": false,
        "IPAM": {
            "Driver": "default",
            "Options": {},
            "Config": [
                {
                    "Subnet": "172.21.0.0/16",
                    "Gateway": "172.21.0.1"
                }
            ]
        },
        "Internal": false,
        "Attachable": false,
        "Ingress": false,
        "ConfigFrom": {
            "Network": ""
        },
        "ConfigOnly": false,
        "Containers": {},
        "Options": {},
        "Labels": {}
    }
]
root@ger:~#
```

Todo esto se puede configurar:
Para configurar el direccionamiento de la red se puede utilizar el comando "*docker network create --subnet=DIRECCIONAMIENTO/MASCARA NOMBRE_RED*" por ejemplo:

```
# docker network create --subnet=192.168.201.0/24 NOMBRE_RED
```

Como se puede ver en la imagen:

```
root@ger:~# docker network create --subnet=192.168.201.0/24 NOMBRE_RED
404ac98ad015c5805d2eb1c91ebf652c2038209dc8ccf49639d4646d5943ec5b
root@ger:~#
root@ger:~#
```

Todavía seguimos sin especificar el gateway por lo que docker elegirá cual sería la dirección del sistema anfitrión, que es la que haría de gateway, si no le indicamos este parámetro, por defecto será la primera IP del rango. Para especificarla podemos utilizar "*docker network create --gateway IP_DE_GATEWAY --subnet=RED/MASCARA NOMBRE_RED*" por ejemplo:

```
# docker network create --gateway 192.168.254.254 --subnet=192.168.254.0/24 NOMBRE_RED
```

Como podemos ver aplicando el ejemplo:

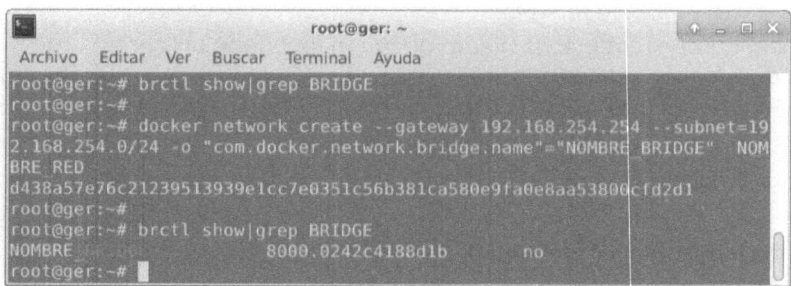

También es posible especificar el nombre de la interfaz bridge que estará relacionada con la red de docker. Esto se puede especificar con '*docker network create --gateway 192.168.254.254 --subnet=192.168.254.0/24 -o "com.docker.network.bridge.name"="NOMBRE_BRIDGE" NOMBRE_RED*'. Ejemplo:

*El comando "*brctl show*" muestra el listado de bridges.

Si el bridge ya existe lo utilizará, y a la hora de eliminar la red no eliminará el bridge.

Otra opción interesante también es indicar a la red que vamos a tener un g*ateway* distinto de la IP que tenemos en el servidor de contenedores. Esto se puede hacer añadiendo el parámetro *--aux-address "DefaultGatewayIPv4=IP_DEL_GATEWAY".*

Por ejemplo si queremos decir que el *gateway* de la red del ejemplo anterior se encuentra en la IP 192.168.254.1 aunque en el host tengamos la IP 192.168.254.254 se tiene que hacer así:

```
docker network create --gateway 192.168.254.254 --subnet=192.168.254.0/24 -o "com.docker.network.bridge.name"="NOMBRE_BRIDGE"   --aux-address "DefaultGatewayIPv4=192.168.254.1" NOMBRE_RED'
```

Si queremos usar una red en un contenedor docker que estemos creando y la red se llama "*MI_RED*" ejecutaremos:
'*docker create --name mi_contenedor --hostname mi_contenedor --net MI_RED -it -d ubuntu bash*'

Y de esta forma se crea un contenedor que utiliza esta red y se le asignaría una IP de forma dinámica.

Eliminando redes

Para eliminar una red de docker existen varias formas de hacerlo. La primera es ejecutar "*docker network rm NOMBRE_RED*", por ejemplo:

```
root@ger:~# docker network create test1
06d864381a3fae32d94a58967b61c6e0e2762fd49686730ea18ca942e0b92de2
root@ger:~#
root@ger:~# docker network ls|grep test1
06d864381a3f                                  bridge                        local
root@ger:~# docker network rm test1
test1
root@ger:~# docker network ls|grep test1
root@ger:~#
```

El problema del comando anterior es que solo eliminará la red si no la está usando ningún contenedor. Si queremos borrar una red usada por un contenedor tenemos que bien parar los contenedores de esa red o desconectar los contenedores de la red a eliminar. Si paramos los contenedores podremos eliminar la red pero hasta que no desconectemos el contenedor de la red no podrá arrancar de nuevo. Dejo una imagen con un ejemplo a continuación:

```
root@ger:~# docker network connect MI_RED mi_contenedor
root@ger:~# docker ps |grep mi_contenedor
e4d6e67df9b0        ubuntu              "bash"              2 mi
nutes ago          Up 2 minutes

root@ger:~# docker network rm MI_RED
Error response from daemon: error while removing network: networ
k MI_RED id 3594ffe27b3b84baa09a21db0ae25ba4997a88eeee7048005a2e
ef9356e10c28 has active endpoints
root@ger:~# docker stop mi_contenedor
mi_contenedor
root@ger:~# docker network rm MI_RED
MI_RED
root@ger:~# docker start mi_contenedor
Error response from daemon: network 3594ffe27b3b84baa09a21db0ae2
5ba4997a88eeee7048005a2eef9356e10c28 not found
Error: failed to start containers: mi_contenedor
root@ger:~#
```

Como se puede ver en la imagen el contenedor se ha quedado con la red conectada antes de eliminarla por lo que ya no arrancará. El orden para ejecutar la eliminación de una red que tienen contenedores es la siguiente:

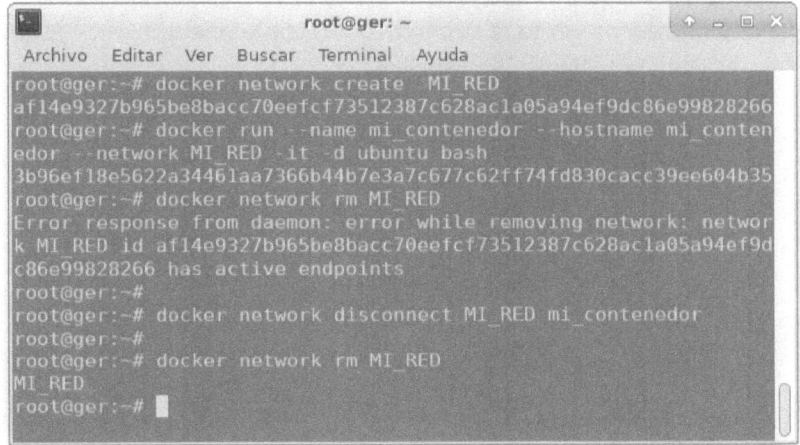

Si se quiere eliminar las redes que no estén en uso por ningún contenedor podemos utilizar el comando "*docker network prune -f*"

Ver más información de una red

Como hemos visto anteriormente con el comando "*docker network inspect RED*" podemos ver toda la información sobre una red concreta, por ejemplo en una red llamada "*MI_RED*":

```
root@ger:~# docker network create  MI_RED
69f9f432cc7f358824a8ce3865b15e214e9022a509dc7375b9e5dbe7fd880a
db
root@ger:~#
root@ger:~# docker network inspect  MI_RED
[
    {
        "Name": "MI_RED",
        "Id": "69f9f432cc7f358824a8ce3865b15e214e9022a509dc7375b9e5dbe7fd880adb",
        "Created": "2020-01-02T00:10:01.905859246+01:00",
        "Scope": "local",
        "Driver": "bridge",
        "EnableIPv6": false,
        "IPAM": {
            "Driver": "default",
            "Options": {},
            "Config": [
                {
                    "Subnet": "172.26.0.0/16",
                    "Gateway": "172.26.0.1"
                }
            ]
        },
        "Internal": false,
        "Attachable": false,
        "Ingress": false,
        "ConfigFrom": {
            "Network": ""
        },
        "ConfigOnly": false,
        "Containers": {},
        "Options": {},
        "Labels": {}
    }
]
root@ger:~#
```

Como se puede ver en el ejemplo nos facilita, interface de red, direccionamientos, gateway, nombre de la red, identificador, etc.

Volúmenes

Un volumen es un espacio reservado a un contenedor. Este espacio es visible desde la maquina anfitrión y se comporta de una manera parecida a un punto de montaje Unix.

Podemos copiar ficheros dentro de un contenedor pero tiene el problema de que si eliminamos el contenedor o queremos levantar este contenedor en otro equipo este fichero deberá ser copiado de nuevo, sin embargo con los volúmenes le puedes presentar al nuevo contenedor "*el punto de montaje*" del volumen de nuevo.

Los puntos de montaje pueden ser "*bind*", o volúmenes creados desde docker y dedicados exclusivamente a este.

Un "*bind*" es una "redirección" de un fichero o directorio del sistema anfitrión al contenedor. Por ejemplo, tenemos en el sistema anfitrión el directorio "*/home/user/docker1*" y queremos que este directorio sea la home del usuario *root* un contenedor.

Con un bind podemos hacer que esto sea posible. Además tiene la ventaja que desde el sistema anfitrión podemos seguir leyendo y escribiendo ficheros y directorios en esa ruta aun con el contenedor arrancado y este contenido será visible para el contenedor. Lo veremos más adelante en detalle.

Crear un volumen

Podemos crear el volumen ejecutando "*docker volume create mi_volumen*" pero no estamos seleccionando espacio, limites, ubicación, etc. Para hacer esto podemos utilizar las siguientes opciones:

Parámetros

Parámetro "--*driver*"

El parámetro driver especifica el controlador que se va a utilizar, puede ser...

Opción "--*opt*" o "-*o*"

En este parámetro se especifica las opciones adicionales del volumen, son parecidas a las opciones de montaje de Linux. La especificación de tamaño y si es de solo lectura por ejemplo se harían desde este parámetro.

A continuación unos ejemplos prácticos de cómo usar estos parámetros:

Limitar espacio del volumen
Ejecutando "*docker volume create -d flocker -o size=20GB my-named-volume*" creamos un volumen de 20GB de tipo tmpfs.

Establecer el dispositivo o ruta

Se puede definir el dispositivo o la ruta del volumen ejecutando "*docker volume create --opt type=btrfs --opt device=/dev/sda2*", en el ejemplo también se facilita el tipo de sistema de ficheros utilizado en el dispositivo.

Establecer User ID

En el ejemplo se pueden ver opciones para definir el tamaño y el tipo de driver "*docker volume create --driver local --opt type=tmpfs --opt device=tmpfs --opt o=size=100m,uid=1000*"

Montar volumen en un contenedor

Para usar volumen en un contenedor solamente hay que usar el parámetro:
"-v VOLUMEN:PATH_DEL_CONTAINER" del comando *"docker run"*.

Ejemplo:

```
[root@host directorio]# docker volumen create myvol
[root@host directorio]# docker run -it -d -v myvol:/directorio centos:7
```

Es posible que queramos tener montado el mismo volumen en varios contenedores, si esto así debemos usar en vez del parámetro *"-v"* el parámetro *"--mount"*.

La sintaxis es:

```
[root@host directorio]# docker volumen create myvol
[root@host directorio]# docker run -it -d --mount source=myvol,target=/directorio centos:7
```

Si queremos tener más información de cómo montar volúmenes NFS, SSHFS, etc podemos ver cómo hacerlo en
https://docs.docker.com/storage/volumes/

Montar un contenedor con tmpfs

Es posible que en algunas ocasiones necesitemos montar directorios con almacenamiento volátil. Esto quiere decir que al reiniciar el contenedor re borre todo el contenido.

Este tipo de directorios al igual que ocurre en los sistemas operativos Linux con los *tmpfs* utilizan la RAM para generar *filesystems* temporales.

Este tipo de volúmenes pueden ser tan grandes como RAM tengamos, se crean utilizando el parámetro *"--tmpfs PATH"* del comando *"docker run"* para limitar el uso de RAM por parte de ese TMPFS y evitar que nos quedemos sin memoria debemos ejecutarlo con mount, el cual permite el parámetro *tmpfs-size* que representa el número de bytes máximo que puede ocupar:

```
docker run -it -d --mount type=tmpfs,destination=/app,tmpfs-size=9000 centos:7
```

Crear un bind

Para crear un *bind* solamente tenemos que ejecutar un comando "docker run" (para levantar un contenedor) con la opción, que es la misma que usámos con el mapeo de los volúmenes creados, "-v PATH_ANFITRION:PATH_CONTAINER".

Esto que hemos comentado en el párrafo anterior puede parecer un tanto abstracto, pero cuando lo explicamos en los siguientes ejemplos se ve más claro:

Podemos ver información detallada de los parámetros de los bind en **https://docs.docker.com/storage/bind-mounts/**

Ejemplo1: Crear un bind de un fichero

Podemos crear el bind de un fichero, esto sobrescribirá el fichero del contenedor en caso de existir.

Es importante destacar que el fichero debe existir en la maquina anfitrión.

El ejemplo es el siguiente, queremos hacer que el fichero "*/root/resolv.conf*" del host se presente en el contenedor:

```
docker run -it -d -v /root/resolv.conf:/etc/resolv.conf centos:7
```

Esto es útil por ejemplo para cuando queramos definir el punto de entrada de un docker (el script que se ejecuta cuando arranca un docker). Se puede montar un *bind* de ese script presentando el punto de entrada del contenedor y haciendo que cambie su comportamiento por defecto.

Ejemplo2: Crear un bind con un directorio

Al igual que cuando creamos un bind de un fichero, cuando creamos un bind de un directorio, este no debe estar vacío ya que puede dar lugar a problemas.

Como veremos en el siguiente ejemplo, se hace exactamente de la misma forma que el a la hora de hacer el *bind* con ficheros.

En este caso vamos a hacer el *bind* del directorio *"/virt/directorio"* en la ruta *"/root/myconfig"*:

El directorio contiene varios ficheros y directorios:

```
[root@host directorio]# ls -al
total 8
drwxr-xr-x   3 root root    35 mar 28 19:50 .
drwxrwxrwt. 10 root root  4096 mar 28 19:49 ..
-rw-r--r--   1 root root     6 mar 28 19:50 README.TXT
drwxr-xr-x   3 root root    17 mar 28 19:49 test1
[root@host directorio]# ls -al test1/test/
total 4
drwxr-xr-x 2 root root 18 mar 28 19:50 .
drwxr-xr-x 3 root root 17 mar 28 19:49 ..
-rw-r--r-- 1 root root  6 mar 28 19:50 test1
[root@host directorio]#
```

Y tras montarlos así:

```
docker run -it -d -v /virt/directorio:/root/myconfig centos:7
```

Vemos que ya aparecen todos los ficheros y subdirectorios en esa ruta:

```
[root@host directorio]# docker exec -it 9b0 su -
Last login: Sat Mar 28 19:10:46 UTC 2020
[root@9b09bb056ccd ~]# ls -al /root/myconfig/
total 4
drwxr-xr-x 3 root root 35 Mar 28 18:50 .
dr-xr-x--- 1 root root 21 Mar 28 19:09 ..
-rw-r--r-- 1 root root  6 Mar 28 18:50 README.TXT
drwxr-xr-x 3 root root 17 Mar 28 18:49 test1
[root@9b09bb056ccd ~]#
```

Eliminar un volumen

Una vez creado un volumen no se puede modificar, por lo que tendríamos que eliminar el volumen y crearlo de nuevo (con pérdida de datos si no se extraen previamente).

Para eliminar un volumen docker sencillamente tenemos que ejecutar *"docker volumen rm NOMBRE_VOLUMEN"*, es importante destacar que esto solo aplica a los volúmenes y no a los *bind* ni a los *tmpfs*.

Un ejemplo de cómo hacerlo sería el siguiente:

```
[root@host ~]# docker volume create myvol
myvol
[root@host ~]# docker volume rm myvol
myvol
[root@host ~]#
```

De esta forma eliminaríamos un volumen que no esté siendo usado por ningún contenedor.
Si estuviese siendo usado por algún contenedor nos avisaría de que hay contenedores utilizando el volumen.
Si esto ocurre debemos revisar que contenedor está utilizando el volumen y deberíamos borrar el contenedor.

Gestión de volúmenes

En este apartado veremos otras opciones para volúmenes que nos ofrece docker.

Ver información de un volumen

Con el comando *docker volumen inspect NOMBRE_VOLUMEN* podemos ver toda la información relativa a un volumen como se puede ver a continuación:

```
[root@hosts ~]# docker volume create myvol
myvol
[root@hosts ~]# docker volume inspect myvol
[
    {
        "Driver": "local",
        "Labels": {},
        "Mountpoint": "/var/lib/docker/volumes/myvol/_data",
        "Name": "myvol",
        "Options": {},
        "Scope": "local"
    }
]
[root@hosts ~]#
```

Listar volúmenes

Para listar volúmenes en docker solamente debemos ejecutar *docker volumen ls* como se puede ver en el siguiente ejemplo:

```
[root@hosts ~]# docker volume create myvol
myvol
[root@hosts ~]# docker volume ls
DRIVER              VOLUME NAME
local               myvol
[root@hosts ~]#
```

Como importar un fichero de imagen a imagen de docker

Como comentábamos anteriormente una imagen exportada a fichero *tar* se puede importar de nuevo, esto se hace con el comando *docker load* y/o *docker import* a continuación explicamos los dos comandos y sus diferencias.

Docker load

El comando *docker load* solo es capaz de importar ficheros *tar* de imágenes exportados con *docker save* no permite editar el nombre de la imagen ya que lo toma del fichero.

Se puede usar de estas dos formas:
Pasándole el contenido por STDIN:

```
cat fichero | docker load
```

O bien especificando el fichero:

```
docker load -i FICHERO
```

Docker import

El comando *docker import* a diferencia de *docker load* permite importar tanto ficheros de imagen como ficheros *tar* de contenedor como una imagen customizada. Este comando puede tratar tanto ficheros *tar* de imágenes y contenedores como ficheros *tgz* con la siguiente sintaxis:

```
docker import [OPTIONS] file|URL|- [REPOSITORY[:TAG]]
```

Esto implica que puede hacerse de las siguientes formas:

Importar desde una URL

```
docker import http://URL/exampleimage.tgz
```

Importar con STDIN:

```
docker import - NOMBRE_IMAGEN < MI_IMAGEN.tar
```

Importar con PIPE + STDIN:

```
cat IMAGE.tgz | docker import - NOMBRE_IMAGEN:TAG
```

También se puede imprimir un mensaje durante la importación:

```
cat IMAGEN.tgz | docker import --message "New img from tar" - IMAGEN:TAG
```

Por ultimo se puede importar una imagen mediante una ruta absoluta:

```
docker import /RUTA/A/FICHERO.tgz IMAGEN:TAG
```

Un ejemplo es el siguiente:

```
[ger-pc ~]# docker import /root/TESTING.tar test:latest
sha256:1b2f8a2ffc1610b241f4e37307fdb7a0dd93904461385df61bb5dae
1591bbe3b
[ger-pc ~]# docker image ls
REPOSITORY         TAG                IMAGE ID
CREATED            SIZE
test               latest             1b2f8a2ffc16            8
seconds ago        211MB
nginx              alpine             89ec9da68213            3
days ago           19.9MB
archlinux          latest             9651b9e35f39            2
weeks ago          412MB
ubuntu             18.04              4e5021d210f6            5
weeks ago          64.2MB
ubuntu             latest             4e5021d210f6            5
weeks ago          64.2MB
centos             8                  470671670cac            3
months ago         237MB
ubuntu             19.04              c88ac1f841b7            3
months ago         70MB
centos             7                  5e35e350aded            5
months ago         203MB
[ger-pc ~]#
```

Gestión de contenedores

Aunque hemos visto como crear contenedores, no hemos visto cómo gestionarlo todavía. Si ejecutamos *docker -help* aparecerá la siguiente información sobre los posibles comandos a ejecutar:

```
Management Commands:
  builder     Manage builds
  config      Manage Docker configs
  container   Manage containers
  context     Manage contexts
  engine      Manage the docker engine
  image       Manage images
  network     Manage networks
  node        Manage Swarm nodes
  plugin      Manage plugins
  secret      Manage Docker secrets
  service     Manage services
  stack       Manage Docker stacks
  swarm       Manage Swarm
  system      Manage Docker
  trust       Manage trust on Docker images
  volume      Manage volumes

Commands:
  attach      Attach local standard input, output, and error streams to a running container
  build       Build an image from a Dockerfile
  commit      Create a new image from a container's changes
  cp          Copy files/folders between a container and the local filesystem
  create      Create a new container
  diff        Inspect changes to files or directories on a container's filesystem
  events      Get real time events from the server
  exec        Run a command in a running container
  export      Export a container's filesystem as a tar archive
  history     Show the history of an image
  images      List images
  import      Import the contents from a tarball to create a filesystem image
  info        Display system-wide information
  inspect     Return low-level information on Docker objects
  kill        Kill one or more running containers
  load        Load an image from a tar archive or STDIN
  login       Log in to a Docker registry
  logout      Log out from a Docker registry
  logs        Fetch the logs of a container
  pause       Pause all processes within one or more containers
  port        List port mappings or a specific mapping for the container
  ps          List containers
  pull        Pull an image or a repository from a registry
  push        Push an image or a repository to a registry
  rename      Rename a container
  restart     Restart one or more containers
  rm          Remove one or more containers
  rmi         Remove one or more images
  run         Run a command in a new container
```

```
    save              Save one or more images to a tar archive
(streamed to STDOUT by default)
    search            Search the Docker Hub for images
    start             Start one or more stopped containers
    stats             Display a live stream of container(s) resource
usage statistics
    stop              Stop one or more running containers
    tag               Create a tag TARGET_IMAGE that refers to
SOURCE_IMAGE
    top               Display the running processes of a container
    unpause           Unpause all processes within one or more
containers
    update            Update configuration of one or more containers
    version           Show the Docker version information
    wait              Block until one or more containers stop, then
print their exit codes
```

Este capítulo vamos a tratar los comandos más relevantes para la gestión de contenedores.

Ejecutar comandos en un contenedor

Como ya vimos anteriormente con el comando *docker exec* permite la ejecución de comandos dentro de un contenedor docker. De la siguiente forma:

```
Docker exec COMANDO
```

En un contenedor llamado test, el ejemplo se puede ver a continuación:

```
root@ger:/home/ger# docker exec test cat /etc/hosts
127.0.0.1  localhost
::1        localhost ip6-localhost ip6-loopback
fe00::0    ip6-localnet
ff00::0    ip6-mcastprefix
ff02::1    ip6-allnodes
ff02::2    ip6-allrouters
172.17.0.2         4c2c86e2dbb0
root@ger:/home/ger# docker ps -a|grep testatt
4c2c86e2dbb0       centos:7                 "/bin/bash"
9 minutes ago      Up About a minute
test
root@ger:/home/ger#
```

Lo que no vimos fué lo siguiente:

Por ejemplo tenemos un contenedor arrancado y queremos obtener una Shell, ejecutando este comando con la opción de Shell interactiva (-i) y TTY (-t) podemos hacerlo. La sintaxis sería:

```
docker exec -it COMANDO
```

Un ejemplo con el mismo contenedor test sería:

```
root@ger:/home/ger# docker exec -it test bash
[root@4c2c86e2dbb0 /]# ps -ef
UID         PID   PPID  C STIME TTY          TIME CMD
root          1      0  0 17:08 pts/0    00:00:00 /bin/bash
root         46      0  2 17:14 pts/1    00:00:00 bash
root         59     46  0 17:15 pts/1    00:00:00 ps -ef
[root@4c2c86e2dbb0 /]#
```

Si en vez de ejecutar el comando *bash* ejecutamos *su -* directamente obtenemos todas las variables de entorno y perfil apropiado:

```
root@ger:/home/ger# docker exec -it test su -
[root@4c2c86e2dbb0 ~]# ps -ef
UID         PID   PPID  C STIME TTY          TIME CMD
root          1      0  0 17:08 pts/0    00:00:00 /bin/bash
root         60      0  8 17:16 pts/1    00:00:00 su -
root         65     60  0 17:16 pts/1    00:00:00 -bash
root         78     65  0 17:16 pts/1    00:00:00 ps -ef
[root@4c2c86e2dbb0 ~]# logout
root@ger:/home/ger# docker ps -a|grep test
4c2c86e2dbb0        centos:7                     "/bin/bash"
16 minutes ago      Up 8 minutes
test
root@ger:/home/ger#
```

En ocasiones nos veremos en la necesidad de tener que entrar con root y que la imagen nos fuerce a entrar con otro usuario, para evitar este problema podemos ejecutar el comando con el UID (user ID) que queramos. Esto se hace con el parámetro *-u* y como el usuario root siempre es UID 0 podemos ejecutarlo de la siguiente forma:

```
root@ger:/home/ger# docker exec -u 0 -it testatt su -
Last login: Tue Apr 21 17:16:37 UTC 2020 on pts/1
[root@4c2c86e2dbb0 ~]# touch /test
[root@4c2c86e2dbb0 ~]# exit
[root@4c2c86e2dbb0 ~]# logout
root@ger:/home/ger#
```

Obtener la Shell de un contenedor

A diferencia de con el comando *docker exec* con el comando *docker attach* te "quedas" una shell desde la terminal donde lo ejecutes. Tendrás acceso a la consola del contenedor, pero cuando la cierres, se parará el contenedor.

La sintaxis es:

```
docker attach NOMBRE_O_ID
```

Ejemplo en un contenedor real:

```
root@ger:/home/ger# docker ps -a |grep testatt
root@ger:/home/ger# docker run -it -d --name testatt centos:7
4c2c86e2dbb0f5debfcda325a537d7de8b6e9a4445387fa28ab711655a3844bc
root@ger:/home/ger# docker attach testatt
[root@4c2c86e2dbb0 /]# cat /etc/redhat-release
CentOS Linux release 7.7.1908 (Core)
[root@4c2c86e2dbb0 /]# exit
root@ger:/home/ger# docker ps -a |grep testatt
4c2c86e2dbb0        centos:7              "/bin/bash"         49 seconds ago      Exited (0) 4 seconds ago                        testatt
root@ger:/home/ger#
```

Como se puede ver en el ejemplo, el contenedor se para al salir de la Shell.

Distintas opciones para levantar un docker

Con el comando *docker run* podemos hacer muchísimas cosas al arrancar un contenedor a continuación voy a explicar las principales formas de uso, entre otras cosas podemos especificar opciones de recursos, red, variables de entorno, sistemas de ficheros, enlaces con máquinas, nombres y opciones del sistema.

Parte de estas operaciones ya lo vimos anteriormente en el capítulo de operaciones básicas en un contenedor. Aquí vamos a extender la explicación ya que ahora tenemos el conocimiento suficiente para entenderlo.

Arrancar el contenedor con un nombre específico

Para crear y levantar un contenedor con un nombre específico usaremos el comando:

```
docker run --name NOMBR_DEL_CONTAINER IMAGE
```

Esto hará que se cree el contenedor con este nombre y podamos manejarlo mediante el nombre o el ID tal y como vimos anteriormente, es decir, el nombre es un identificador único y no puede repetirse.

Si aparte de esto queremos levantar el contenedor con un *hostname* específico debemos ejecutar también la opción:

```
docker run --hostname HOSTNAME IMAGE
```

En este ejemplo usaremos las dos opciones para establecer el nombre y el hostname:

```
docker run --name NAME --hostname HOSTNAME IMAGE
```

Otro ejemplo:

```
[ger-pc ~]# docker run  --name cont1 --hostname test ubuntu:18.04
```

```
[ger-pc ~]# docker ps -a |grep cont1
34ce945d8693         ubuntu:18.04           "/bin/bash"          25
seconds ago      Exited (0) 22 seconds ago
cont1
[ger-pc ~]#
```

El contenedor muere porque no tiene shell interactiva. Esto se puede evitar haciendo que ejecute un *entrypoint* distinto del que tiene por defecto o bien como explicaremos a continuación en el siguiente capítulo.

Arrancar la maquina con TTY y Shell interactiva

Como hemos visto, en algunas imágenes requieren de Shell interactiva (opción *-i*) y la opción de *pseudo-TTY* (-t) para poder arrancar correctamente.

Como se puede ver en el ejemplo al crear la TTY y decirle que va a ser interactivo crea el contenedor, lo arranca "mete" esa sesión de la Shell dentro de la TTY del contenedor exactamente igual que cuando ejecutamos *docker attach CONTENEDOR*.

```
[ger-pc ~]# docker ps -a
CONTAINER ID        IMAGE               COMMAND
CREATED             STATUS              PORTS
NAMES
[ger-pc ~]# docker run -it  --name test --hostname test ubuntu:18.04
root@test:/# hostname
test
root@test:/# exit
exit
[ger-pc ~]# docker ps -a
CONTAINER ID        IMAGE               COMMAND
CREATED             STATUS              PORTS
NAMES
f5ceeea7e633        ubuntu:18.04        "/bin/bash"          21
seconds ago     Exited (0) 2 seconds ago
test
[ger-pc ~]#
```

Para que esto ocurra, se puede añadir la opción *-d* (*detached mode*):

```
[ger-pc ~]# docker ps -a
CONTAINER ID        IMAGE               COMMAND
CREATED             STATUS              PORTS
NAMES
[ger-pc ~]# docker run -d -it  --name test --hostname test ubuntu:18.04
9976246bbd4fcc4f2515cf3c41480bc67435f96941d65fedc839d7910f1eda23
[ger-pc ~]# docker ps -a
```

```
CONTAINER ID          IMAGE                 COMMAND
CREATED               STATUS                PORTS
NAMES
9976246bbd4f          ubuntu:18.04          "/bin/bash"             7
seconds ago           Up 5 seconds                                  test
```

Ejecutar un comando al inicio de un contenedor

Puede que en ocasiones queramos ejecutar un comando específico al arranque de un contenedor, para ello solamente tenemos que hacer lo siguiente:

```
docker run IMAGEN COMANDO
```

Si queremos ejecutar en un contenedor basado en una imagen Ubuntu 18.04 el comando *cat /etc/hosts* ejecutaríamos lo siguiente:

```
[ger-pc ~]# docker ps -a
CONTAINER ID          IMAGE                 COMMAND
CREATED               STATUS                PORTS
NAMES
[ger-pc ~]# docker run  ubuntu:18.04 cat /etc/hosts
127.0.0.1 localhost
::1       localhost ip6-localhost ip6-loopback
172.17.0.2        4774b2596036
[ger-pc ~]# docker ps -a
CONTAINER ID          IMAGE                 COMMAND
CREATED               STATUS                            PORTS
NAMES
4774b2596036          ubuntu:18.04          "cat /etc/hosts"        3
seconds ago           Exited (0) 2 seconds ago
wonderful_sammet
[ger-pc ~]#
```

Como se puede ver en el ejemplo, el comando se ejecuta y nos devuelve el resultado, esta forma en la que se ha ejecutado no es una Shell interactiva por lo que si ejecutamos un comando que requiere de interacción no funcionará de la manera esperada. Tras ejecutar el comando el contenedor se para aunque no se elimina de forma automática.

Esto también se puede hacer con el parámetro *--entrypoint COMANDO*.

Arrancar el contenedor hacer que se elimine al pararlo

Puede que algunas veces necesitemos eliminar el contenedor una vez termine su ejecución. Para esto podemos utilizar el comando

```
docker run   --rm IMAGE
```

Por ejemplo si queremos ejecutar algo dentro del contenedor que luego se borre:

```
[ger-pc ~]# cat /etc/os-release
NAME="Manjaro Linux"
ID=manjaro
ID_LIKE=arch
PRETTY_NAME="Manjaro Linux"
ANSI_COLOR="1;32"
HOME_URL="https://www.manjaro.org/"
SUPPORT_URL="https://www.manjaro.org/"
BUG_REPORT_URL="https://bugs.manjaro.org/"
LOGO=manjarolinux
[ger-pc ~]# docker ps -a
CONTAINER ID        IMAGE               COMMAND
CREATED             STATUS              PORTS
NAMES
[ger-pc ~]# docker run --rm --name test centos:7 cat /etc/os-release
NAME="CentOS Linux"
VERSION="7 (Core)"
ID="centos"
ID_LIKE="rhel fedora"
VERSION_ID="7"
PRETTY_NAME="CentOS Linux 7 (Core)"
ANSI_COLOR="0;31"
CPE_NAME="cpe:/o:centos:centos:7"
HOME_URL="https://www.centos.org/"
BUG_REPORT_URL="https://bugs.centos.org/"

CENTOS_MANTISBT_PROJECT="CentOS-7"
CENTOS_MANTISBT_PROJECT_VERSION="7"
REDHAT_SUPPORT_PRODUCT="centos"
REDHAT_SUPPORT_PRODUCT_VERSION="7"

[ger-pc ~]# docker ps -a
CONTAINER ID        IMAGE               COMMAND
CREATED             STATUS              PORTS
NAMES
[ger-pc ~]#
```

Como se puede ver en el ejemplo anterior, se ejecuta la lectura de un fichero en el sistema anfitrión y otro en el sistema del contenedor claramente son distintos, al finalizar la ejecución del contenedor se auto-elimina.

Arrancar el contenedor con una red especifica

Si no especificamos una red, docker nos creará el contenedor en la red por defecto. Esta red se puede configurar para cambiar direccionamiento y otros parámetros (incluso la red por defecto se puede cambiar por otra).
Para especificar que un contenedor tiene que arrancar con una red en concreto debemos ejecutar el comando:

```
docker run --network RED_SELECCIONADA IMAGEN
```

Esto significa que si tenemos una red llamada *hosts1* y queremos crear un contenedor llamado *testnet* con imagen *centos:7* tenemos que hacerlo así:

```
docker run -it -d --network hosts1 --name testnet centos:7
```

Arrancar el contenedor con una IP especifica

Para arrancar un contenedor con una IP específica tenemos que establecer una red como hemos visto en el capítulo anterior.
La dirección IP que elijamos tiene que estar en el rango de la red de Docker que hemos seleccionado, por el contrario fallará. La IP se puede elegir utilizando la siguiente sintaxis:

```
docker run --network RED --ip DIRECCION_IP IMAGEN
```

Esto unido a opciones que vimos anteriormente en la creación de bridges puede permitirnos tener servidores virtuales de QEMU-KVM o XEN conviviendo en la misma red y mismo direccionamiento que en docker y así tener visibilidad total entre las direcciones IP.

De todas formas, aunque esto se permita, la mejor practica es publicar puertos a una dirección IP o un pool de direcciones IP flotante/s.

Publicar puertos de un contenedor

Publicar puertos de un contenedor, es básicamente hacer un NAT o mapeo de puertos de una IP que tiene el servidor de docker a el contenedor docker.

Por ejemplo, tenemos una imagen de *nginx* esta imagen utiliza el puerto 80 y el 443 TCP, el servidor de docker tiene la IP 192.168.1.2/24. Para que los dispositivos de la red del servidor de docker puedan ver ese puerto 80 o 443 es necesario mapearlo ya que por defecto utilizará una red diferente de esta para crear el contenedor.

Para mapear los puertos tiene que usar la opción "*-p*" de docker run, se puede usar las siguientes sintaxis:

Puerto de todas las IPs del host (0.0.0.0) al puerto del contenedor:

```
docker run -p PUERTO_EXTERIOR:PUERTO_INTERIOR
```

Puerto de una IP especifica del servidor al puerto interno

```
docker run -p IP:PUERTO_EXTERIOR:PUERTO_INTERIOR
```

Por ejemplo:

```
[ger-pc ~]# docker run -it -d -p 192.168.1.46:80:80 --name cen centos:7
bebafa304aedce56b1f723cf5c16f8ce5c48ecc73ae08e21faa1997c3274769e
[ger-pc ~]# docker ps
CONTAINER ID        IMAGE               COMMAND
CREATED             STATUS              PORTS
NAMES
bebafa304aed        centos:7            "/bin/bash"         13
seconds ago         Up 12 seconds       192.168.1.46:80->80/tcp
cen
[ger-pc ~]#
```

Arrancar un contenedor con una variable de entorno establecida

Las variables de entorno sirven para transferir parámetros de configuración a una instancia de docker por ejemplo, en una imagen necesitamos que un determinado servicio tenga un valor para aplicar la configuración.

Esto se hace con el parámetro '-e VARIABLE="VALOR" ' con la siguiente sintaxis, en este caso usaremos como ejemplo la imagen comentada, *mysql:5.7* en la cual estableceremos la contraseña de root :

```
docker run -e "MYSQL_ROOT_PASSWORD=MI_PASSWD" mysql:5.7
```

Un ejemplo real de creación:

```
docker run --name db01 -d --restart always -e "MYSQL_ROOT_PASSWORD=M1.P4ssW0rd" -v /datos/dbhq01/mysql/:/var/lib/mysql mysql:5.7
```

Política de autoreinicio

La política de reinicio automático define como se va a comportar el contenedor en caso de sufrir una parada no solicitada del contenedor (*docker stop* o *docker kill*). Esto se establece desde el parámetro "*--restart*" del comando *docker run*.

La sintaxis de este parámetro es:

```
docker run --restart VALOR IMAGEN
```

Donde el valor puede tener las siguientes formas:

Valor	Descripción
no	Valor por defecto, no efectúa reinicios
always	Lo reinicia indefinidamente siempre que se pare sin que se le dé una orden de apagado. Da igual que la parada sea por fallo o por por ejemplo un exceso de consumo de memoria que obligue a parar el contenedor, lo reinicia siempre.
on-failure	Lo reinicia siempre que se caiga por un fallo
unless-stopped	Lo reinicia siempre que no se ejecute una orden de parado

Varios ejemplos con creaciones de contenedores reales son los siguientes:

Ejemplo1
Creamos un contenedor con política de reinicio "no" y con imagen *nginx*:

```
docker run --restart no nginx
```

Esto es lo mismo que crear el contenedor sin definir política de reinicio con el siguiente comando:

```
docker run nginx
```

Ejemplo 2

Creamos un contenedor con política de reinicio *always* e imagen nginx:

```
docker run --restart always nginx
```

Crear un contenedor sin arrancarlo

Para crear un contenedor sin arrancarlo se puede sustituir el comando "*docker run*" por "*docker create*", la gran mayoría de los parámetros serán válidos con la diferencia de que el contenedor no arrancará de inmediato y habrá que ejecutar el comando "*docker start CONTENEDOR*" para arrancarlo. Un ejemplo de cómo puede ejecutarse el mismo contenedor con las mismas opciones pero con *docker run* y *docker create* es:

```
[ger-pc ~]# docker create -it  --name contenedor1 centos:7
49afccd6a4164b1d7a2381baf0995f7785fca04d3c91e88e189066b3eda86e7c
[ger-pc ~]# docker run -it -d --name contenedor2 centos:7
fd93d0153c9a8dac3586ddb0570a64bc74f112b616a9380ca411221468448b8d
[ger-pc ~]# docker ps
CONTAINER ID        IMAGE               COMMAND                 
CREATED             STATUS              PORTS                   
NAMES
fd93d0153c9a        centos:7            "/bin/bash"         9 
seconds ago         Up 7 seconds                            
contenedor2
[ger-pc ~]# docker ps -a
CONTAINER ID        IMAGE               COMMAND                 
CREATED             STATUS              PORTS                   
NAMES
fd93d0153c9a        centos:7            "/bin/bash"         16
seconds ago         Up 14 seconds                           
contenedor2
49afccd6a416        centos:7            "/bin/bash"         31
seconds ago         Created                                 
contenedor1
```

Como se puede ver se crean los dos contenedores con los mismos parámetros a diferencia del "-*d*" que como con *docker create* no se levanta de inmediato siempre levantará *dettached* y no admite esa opción. Como se puede ver uno lo levanta de inmediato y otro solo lo crea.

Modo privilegiado

Por defecto los contenedores son *"unprivileged"* y tienen restringidas algunas acciones. El parámetro *"--privileged"* de *docker run* levanta las restricciones de *cgroups* del contenedor por lo que se pueden realizar acciones que antes no se podían, como por ejemplo añadir direcciones IP desde dentro del sistema operativo del contenedor, cambiar el hostname y llegar a usar *systemd* sin control.

Esto puede ser útil en algunas ocasiones pero también puede dar lugar a problemas de seguridad en otros. Recomiendo no usarlo.

Su sintaxis es:

```
docker run --privileged IMAGEN
```

Si se necesita saltarse alguna restricción en concreto, se puede y se debe usar al ser posible el parámetro:

```
docker run --cap-add CAPACIDAD_NUEVA IMAGEN
```

Para ver las capacidades existentes se puede consultar
https://linux.die.net/man/7/capabilities
En esa dirección se pueden ver cada una de las capacidades que puedes necesitar, su descripción y el nombre de cada una de ellas esto también puede consultarse en
https://docs.docker.com/engine/reference/run/#runtime-privilege-and-linux-capabilities donde además podemos ver como añadir dispositivos con el parámetro *--device* y más temas relacionados con el parámetro *--privileged* por si estás interesado en saber más.

Arrancar un contenedor con systemd

En algunas ocasiones es necesario arrancar *systemd* para levantar algún servicio.

Hacerlo no es complicado. Es necesario montar algunos de los ficheros necesarios para que funcione *systemd*, para evitar problemas de seguridad pueden montarse en *read only*.

Un ejemplo de cómo montar un contenedor con *systemd* es el siguiente *docker run*:

```
docker run -d --tmpfs /tmp --tmpfs /run -v
/sys/fs/cgroup:/sys/fs/cgroup:ro IMAGEN /sbin/init
```

El contenedor debe tener instaladas todas las utilidades de *systemd* y solo con montar los "*tmpfs*" y sustituir el punto de entrada por */sbin/init* es suficiente.

En el caso de las imágenes CentOS ya tienen instaladas las utilidades de *systemd* por lo que ejecutando este comando ya arrancaría un contenedor con *systemd* activo:

```
docker run -d --tmpfs /tmp --tmpfs /run -v
/sys/fs/cgroup:/sys/fs/cgroup:ro centos:7 /sbin/init
```

Como se puede ver a continuación:

```
[ger-pc ~]# docker run -d --tmpfs /tmp --tmpfs /run -v
/sys/fs/cgroup:/sys/fs/cgroup:ro centos:7 /sbin/init
d14ffaee05eb09ae149d8173dbe73e81ededa2d111b7a6793bf347ad36aea7
28
[ger-pc ~]# docker exec -it d14ff su -
[root@d14ffaee05eb ~]# systemctl |head -n 6
  UNIT                                   LOAD   ACTIVE SUB
DESCRIPTION
  -.mount                                loaded active mounted
/
  dev-mqueue.mount                       loaded active mounted
POSIX Message Queue File System
  etc-hostname.mount                     loaded active mounted
/etc/hostname
  etc-hosts.mount                        loaded active mounted
/etc/hosts
  etc-resolv.conf.mount                  loaded active mounted
[root@d14ffaee05eb ~]#
```

En el caso de las imágenes de Ubuntu por ejemplo no es suficiente con hacer esto, ya que no tiene *systemd* instalado por defecto:

```
[ger-pc ~]# docker run -d --tmpfs /tmp --tmpfs /run -v /sys/fs/cgroup:/sys/fs/cgroup:ro ubuntu:18.04 /sbin/init
6019be4e5621de259aea5f229248f844de936ea6ba13e1123afe1c1ab05d42f1
docker: Error response from daemon: OCI runtime create failed: container_linux.go:349: starting container process caused "exec: \"/sbin/init\": stat /sbin/init: no such file or directory": unknown.
[ger-pc ~]#
```

Habría que crear una imagen personalizada basada en Ubuntu instalando varios paquetes como veremos más adelante.

Link entre contenedores

El link entre contenedores añade el nombre del contenedor y/o el ID del contenedor que le indicamos al contenedor sobre el que ejecutamos este parámetro en el fichero */etc/hosts*.

Esto sirve para relacionar dos contenedores sin conocer la IP de ellos. Si por ejemplo una aplicación web que creemos en un contenedor llamado *web01* necesita conectar con una base de datos, al contenedor de base de datos le llamamos *db01* al estar en dos contenedores distintos sería un problema ya que no conocemos la IP del servicio de base de datos, al hacer el link entre contenedores, en vez de poner la IP en la conexión, ponemos *db01* y será capaz de resolver su IP.

Esto se hace con el parámetro *-link* ejecutándolo con la siguiente sintaxis:

```
--link <name or id>:alias
```

También puede hacerse así:

```
--link <name or id>
```

Actualizar fichero /etc/hosts

Muy en la línea del link entre contenedores encontramos el parámetro *--add-host* del comando *docker run* que permite evitar la resolución DNS y aun así resolver un *hostname*. En el fichero */etc/hosts* se localiza una relación entre un *hostname* y una IP evitando la resolución DNS. Esto puede ser útil en muchos casos. Ya que por ejemplo con un NAT nos podemos encontrar problemas ya que pude devolvernos una IP publica cuando podemos hacerlo mediante una IP privada.

La sintaxis es:

```
--add-host HOST:IP
```

Como se puede ver en el ejemplo:

```
[ger-pc ~]# docker ps
CONTAINER ID        IMAGE                   COMMAND
CREATED             STATUS                  PORTS
NAMES
[ger-pc ~]# docker run -it --name container1 --add-host google:8.8.8.8    centos:7
[root@c15daa6d0270 /]# tail /etc/hosts
127.0.0.1 localhost
::1         localhost ip6-localhost ip6-loopback
fe00::0     ip6-localnet
ff00::0     ip6-mcastprefix
ff02::1     ip6-allnodes
ff02::2     ip6-allrouters
8.8.8.8     google
172.17.0.2              c15daa6d0270
[root@c15daa6d0270 /]# ping google
PING google (8.8.8.8) 56(84) bytes of data.
64 bytes from google (8.8.8.8): icmp_seq=1 ttl=53 time=5.63 ms
^C
--- google ping statistics ---
1 packets transmitted, 1 received, 0% packet loss, time 0ms
rtt min/avg/max/mdev = 5.638/5.638/5.638/0.000 ms
[root@c15daa6d0270 /]# exit
[ger-pc ~]#
```

Como se puede ver en el ejemplo anterior añadiendo un host al fichero */etc/hosts* el este se resuelve correctamente.

Límites y reservas de memoria y CPU

Todos los parámetros que vamos a ver se pueden utilizar con *docker create* y *docker run*

En los límites que se pone el ejemplo con un número acabado con una *m* la *m* representa la unidad de megabytes. La unidad puede ser:

- *b* representa *bytes*
- *k* representa *kilobytes*
- *m* representa *megabytes*
- *g* representa *gigabytes*

Límite de memoria + Swap

Este parámetro indica la cantidad de memoria swap que puede usar.

En este ejemplo indicamos que el límite de swap será 220 megabytes:

```
--memory-swap=220m
```

Limita el uso de memoria

El parámetro "*-m número[UNIDAD]*" indica el máximo de memoria RAM que puede usar el contenedor.

El límite de memoria debe ser más pequeño que el límite de memoryswap establecido. En el siguiente ejemplo se limita el uso de la RAM a 300MB por parte del contenedor:

```
-m 300M
```

Reserva 200M de memoria

Permite especificar un límite más pequeño que *--memory* o *-m* que se activa cuando docker detecta poca memoria en el anfitrión.

El mínimo de memoria no puede ser más pequeño que el límite de reserve de memoria RAM. En este ejemplo reservamos 200MB:

```
--memory-reservation 200M
```

Límite de memoria del kernel que usa el contenedor

Limita el uso de memoria del kernel que usa un contenedor para:

- stack pages
- slab pages
- sockets memory
- tcp memory pressure

En el ejemplo lo limitaremos a 50MB:

```
--kernel-memory="50M"
```

Evitar OOM killer

En Linux, cuando hay sobreuso de memoria RAM se desencadena un proceso para liberar RAM matando procesos, esto es llamado *OOM Killer* (*Out Of Memory Killer*).

Docker tiene un método para evitar que se produzca la muerte de un contenedor en concreto por *OOM killer*.

El parámetro es el siguiente:

```
--oom-kill-disable
```

Si no va junto con un límite de memoria es peligroso ya que tendrá uso ilimitado de la memoria del sistema pudiendo llegar a saturarlo.

Por lo que debe ir junto con la opción "*-m N[UNIT]*" para limitar su uso.

También se puede usar *--oom-score-adj*

Limitar el número de cores

Si quieres limitar el uso de cores (que no la visibilidad de ellos) puede usar el siguiente parámetro:

```
--cpus=0.000
```

El número es un decimal que indica el número de cores a usar

Porcentaje de CPU compartido

También se puede establecer el porcentaje de CPU compartida, el valor es el porcentaje de uso compartido que se permite en las CPU.

El parámetro es el siguiente:

```
--cpu-shares=0
```

Como parar un contenedor de inmediato

Aunque ya vimos como parar un contenedor, si queremos hacerlo de inmediato, se puede utilizar la siguiente sintaxis:

```
docker kill CONTENEDOR
```

De esta manera se detendrá el contenedor de inmediato interrumpiendo las acciones que estuviese realizando en ese momento. Hay que tener cuidado porque podemos interrumpir escrituras a ficheros.

Ver estadísticas de los contenedores

Con el comando *docker stats* podemos ver el uso de recursos por parte de cada contenedor. El aspecto de la salida es parecido a la salida de top, pero en vez de mostrar cada proceso, se muestra cada contenedor.

La sintaxis de este comando es:

```
docker stats
```

La salida de este comando es así:

```
CONTAINER ID          NAME
CPU %                 MEM USAGE / LIMIT        MEM %
NET I/O               BLOCK I/O                PIDS
97f2c065d540
portainer_portainer.1.024811bx310193mtdh56uey38
0.00%                 19.98MiB / 86.37GiB      0.02%
59.3MB / 12.1MB       0B / 0B                  27
f3b8afa90659
portainer_agent.0kyaspttvemt7buma7ll5izxo.y4gqgp99kpdy6rqve2xx
vkko9    0.25%                 13.45MiB / 86.37GiB      0.02%
28.4MB / 62.7MB       0B / 0B                  27
```

Otra forma de usarlo es definiendo el contenedor del que quieres ver las estadísticas:

```
docker stats CONTENEDOR
```

Ver información de un contenedor

Para ver la información de un contenedor tenemos un comando muy útil, *docker inspect* el cual nos muestra toda la información de un contenedor.

La sintaxis de comando es:

```
docker inspect CONTENEDOR
```

Algunas de las claves que mostrará el resultado es:

El ID nos dará el identificador completo:

```
"Id": "be075278511c70043a181ac8adbd534c9581aa12063898a183c163112c6114b6",
```

La fecha de creación la podemos ver en:

```
        "Created": "2020-04-25T23:37:00.363242692Z",
```

En la clave "*State*", podemos ver el estado general del contenedor

```
        "State": {
            "Status": "running",
            "Running": true,
            "Paused": false,
            "Restarting": false,
            "OOMKilled": false,
            "Dead": false,
            "Pid": 135172,
            "ExitCode": 0,
            "Error": "",
            "StartedAt": "2020-04-25T23:37:01.524534605Z",
            "FinishedAt": "0001-01-01T00:00:00Z"
        },
```

En la clave "*Mounts*" se pueden ver los puntos de montaje de los volúmenes (este no tiene):

```
"Mounts": [],
```

En la clave *Config* se puede ver la configuración del contenedor:

```
"Config": {
    "Hostname": "be075278511c",
    "Domainname": "",
    "User": "",
    "AttachStdin": false,
    "AttachStdout": false,
    "AttachStderr": false,
    "Tty": true,
    "OpenStdin": true,
    "StdinOnce": false,
    "Env": [
        "PATH=/usr/local/sbin:/usr/local/bin:/usr/sbin:/usr/bin:/sbin:/bin"
    ],
    "Cmd": [
        "/bin/bash"
    ],
    "Image": "centos:7",
    "Volumes": null,
    "WorkingDir": "",
    "Entrypoint": null,
    "OnBuild": null,
    "Labels": {
        "org.label-schema.build-date": "20191001",
        "org.label-schema.license": "GPLv2",
        "org.label-schema.name": "CentOS Base Image",
        "org.label-schema.schema-version": "1.0",
        "org.label-schema.vendor": "CentOS"
    }
},
```

Por ultimo en *Network settings* se puede ver toda la configuración de red del contenedor:

```
"NetworkSettings": {
    "Bridge": "",
    "SandboxID": "1e111e2588a3a52fb72e06ad395a4c2c688375d525ad6fcd7ca43bcc9902a22b",
    "HairpinMode": false,
    "LinkLocalIPv6Address": "",
    "LinkLocalIPv6PrefixLen": 0,
    "Ports": {},
    "SandboxKey": "/var/run/docker/netns/1e111e2588a3",
    "SecondaryIPAddresses": null,
    "SecondaryIPv6Addresses": null,
    "EndpointID": "13c63f01af18b0af30feb0cbe6571fd9c542c008c290af4567e64b43eda4255f",
    "Gateway": "172.17.0.1",
    "GlobalIPv6Address": "",
    "GlobalIPv6PrefixLen": 0,
    "IPAddress": "172.17.0.2",
    "IPPrefixLen": 16,
    "IPv6Gateway": "",
    "MacAddress": "02:42:ac:11:00:02",
    "Networks": {
        "bridge": {
            "IPAMConfig": null,
```

```
                        "Links": null,
                        "Aliases": null,
                        "NetworkID":
"45ece18f14a87bf8d0de508e9190be4b65e9261992b3eb66db2315e6db05e
ec3",
                        "EndpointID":
"13c63f01af18b0af30feb0cbe6571fd9c542c008c290af4567e64b43eda42
55f",
                        "Gateway": "172.17.0.1",
                        "IPAddress": "172.17.0.2",
                        "IPPrefixLen": 16,
                        "IPv6Gateway": "",
                        "GlobalIPv6Address": "",
                        "GlobalIPv6PrefixLen": 0,
                        "MacAddress": "02:42:ac:11:00:02",
                        "DriverOpts": null
                    }
                }
            }
```

Renombrar un contenedor

Para renombrar un contenedor, solamente debemos ejecutar el comando *docker rename* con la sintaxis:

```
docker rename CONTENEDOR NUEVO_NOMBRE
```

Como se puede ver en el ejemplo:

```
[ger-pc ~]# docker ps
CONTAINER ID          IMAGE                 COMMAND
CREATED               STATUS                PORTS
NAMES
be075278511c          centos:7              "/bin/bash"           2
hours ago             Up 2 hours                                  lnk2
[ger-pc ~]# docker rename lnk2 container1
[ger-pc ~]# docker ps
CONTAINER ID          IMAGE                 COMMAND
CREATED               STATUS                PORTS
NAMES
be075278511c          centos:7              "/bin/bash"           2
hours ago             Up 2 hours
container1
[ger-pc ~]#
```

Actualizar la configuración de un contenedor

La actualización de un contenedor prácticamente solo puede cambiar parámetros relacionados con recursos, la sintaxis para aplicar actualizaciones es:

docker update PARAMETERS CONTAINER_ID_OR_NAME

Los posibles parámetros son:

```
[ger-pc ~]# docker update --help
Usage:   docker update [OPTIONS] CONTAINER [CONTAINER...]

Update configuration of one or more containers
Options:
      --blkio-weight uint16        Block IO (relative weight),
between 10 and 1000, or 0 to disable (default 0)
      --cpu-period int             Limit CPU CFS (Completely
Fair Scheduler) period
      --cpu-quota int              Limit CPU CFS (Completely
Fair Scheduler) quota
      --cpu-rt-period int          Limit the CPU real-time
period in microseconds
      --cpu-rt-runtime int         Limit the CPU real-time
runtime in microseconds
  -c, --cpu-shares int             CPU shares (relative
weight)
      --cpus decimal               Number of CPUs
      --cpuset-cpus string         CPUs in which to allow
execution (0-3, 0,1)
      --cpuset-mems string         MEMs in which to allow
execution (0-3, 0,1)
      --kernel-memory bytes        Kernel memory limit
  -m, --memory bytes               Memory limit
      --memory-reservation bytes   Memory soft limit
      --memory-swap bytes          Swap limit equal to memory
plus swap: '-1' to enable unlimited swap
      --pids-limit int             Tune container pids limit
(set -1 for unlimited)
      --restart string             Restart policy to apply
when a container exits
```

Como se puede ver, los parámetros más importantes son los mismos que vimos en *docker run* por lo que no voy a explicarlos de nuevo. Un ejemplo para aplicar un límite de cores y cambiar la política de reinicio es:

```
[ger-pc ~]# docker ps
CONTAINER ID        IMAGE               COMMAND              
CREATED             STATUS              PORTS
NAMES
be075278511c        centos:7            "/bin/bash"          2 hours ago         Up 2 hours
container1
[ger-pc ~]# docker update --restart always --cpus 2 container1
container1
[ger-pc ~]# docker inspect container1|grep restartpolicy -A 3
-i
            "RestartPolicy": {
                "Name": "always",
                "MaximumRetryCount": 0
            },
[ger-pc ~]#
```

Si el parámetro no aparece en la lista anterior para cambiarlo es necesario borrar el contenedor y crearlo de nuevo.

Pausar y Reanudar un contenedor

Mediante los comandos *docker pause* y *docker unpause* se puede "*congelar*" y "*reanudar*" los procesos de un contenedor.

Pausar un contenedor

Para pausar un contenedor se puede hacer con la siguiente sintaxis:

```
docker pause CONTENEDOR
```

Ejemplo del comando *docker pause*

```
ger-pc ~]# docker ps
CONTAINER ID        IMAGE                   COMMAND
CREATED             STATUS                  PORTS
NAMES
be075278511c        centos:7                "/bin/bash"         2
hours ago           Up 2 hours
container1
[ger-pc ~]# docker pause container1
container1
[ger-pc ~]# docker ps
CONTAINER ID        IMAGE                   COMMAND
CREATED             STATUS                  PORTS
NAMES
be075278511c        centos:7                "/bin/bash"         2
hours ago           Up 2 hours (Paused)
container1
[ger-pc ~]#
```

Reanudar un contenedor

Para reanudar un contenedor un contenedor se puede hacer utilizando la siguiente sintaxis:

```
docker unpause CONTENEDOR
```

A continuación un ejemplo del comando *docker unpause*:

```
[ger-pc ~]# docker ps
CONTAINER ID        IMAGE              COMMAND
CREATED             STATUS             PORTS
NAMES
be075278511c        centos:7           "/bin/bash"        2
hours ago           Up 2 hours (Paused)
container1
[ger-pc ~]# docker unpause container1
container1
[ger-pc ~]# docker ps
CONTAINER ID        IMAGE              COMMAND
CREATED             STATUS             PORTS
NAMES
be075278511c        centos:7           "/bin/bash"        2
hours ago           Up 2 hours
container1
[ger-pc ~]#
```

Ver mapeo de puertos de los contenedores

Como hemos visto antes el mapeo de los puertos en los contenedores sirve para exponer puertos al exterior. Para ver que puertos tiene mapeados un servidor podemos usar el siguiente comando:

```
docker port CONTAINER
```

Un ejemplo con un contenedor recién creado es el siguiente:

```
[ger-pc ~]# docker ps
CONTAINER ID        IMAGE              COMMAND
CREATED             STATUS             PORTS
NAMES
[ger-pc ~]# docker run -d -it --name container1 -p 80:80 -p 443:443   nginx:alpine
c8840d8cfaafc4817136b1671ed64ea928c75e228f3dfb27dc0f31d4da42bf
bf
[ger-pc ~]# docker port container1
443/tcp -> 0.0.0.0:443
80/tcp -> 0.0.0.0:80
```

Como se puede ver se crea un contenedor con imagen *nginx:alpine* y se mapean los puertos 80 y 443. Con el comando antes mencionado podemos ver el mapeo de estos puertos.

Copiar fichero a docker sin volúmenes

En ocasiones no tenemos mapeado un volumen en un contenedor y necesitamos copiar ficheros desde el sistema anfitrión al contenedor o a la inversa. Esto lo podemos hacer con el comando *docker cp*.

Desde el contenedor al host

Para copiar desde el contendedor hacia el host anfitrión la sintaxis es:

```
docker cp [OPTIONS] CONTAINER:SRC_PATH DEST_PATH
```

Ejemplo de copia al contenedor:

```
[ger-pc ~]# docker run -d -it --name container1 centos:7
6e034771f891225529dc6fc7eef6f40d537820d7607f68885edc10f2c71c6f
9d
[ger-pc ~]# echo 1 > /tmp/test
[ger-pc ~]# docker cp /tmp/test container1:/root/test
[ger-pc ~]# docker exec -it container1 ls -la /root/test
-rw-r--r-- 1 root root 2 Apr 26 20:35 /root/test
[ger-pc ~]#
```

Desde el host al contenedor

Para copiar desde el host de docker hacia el contenedor la sintaxis seria:

```
docker cp [OPTIONS] SRC_PATH| CONTAINER:DEST_PATH
```

Ejemplo de copia desde el contenedor:

```
[ger-pc ~]# docker ps
CONTAINER ID        IMAGE               COMMAND
CREATED             STATUS              PORTS
NAMES
6e034771f891        centos:7            "/bin/bash"          10
minutes ago         Up 10 minutes
container1
[ger-pc ~]# docker cp container1:/etc/hosts /tmp/hosts
[ger-pc ~]# docker exec -it container1 tail -n 2 /etc/hosts
ff02::2     ip6-allrouters
172.17.0.2          6e034771f891
[ger-pc ~]# tail -n2 /tmp/hosts
ff02::2     ip6-allrouters
172.17.0.2          6e034771f891
```

Otras opciones

Además de todo lo anterior si queremos extraer un *tar* directamente en el contenedor podemos hacerlo con un *cat* al fichero *tar* y un pipe o tubería uno de los parámetros (origen o destino) sustituyendo el parámetro a capturar del *STDIN* por "-" de la siguiente forma:

Desde el contenedor hacia afuera:
```
docker cp [OPTIONS] CONTAINER:SRC_PATH -
```

O a la inversa:
```
docker cp [OPTIONS] - CONTAINER:DEST_PATH
```

Por ejemplo si queremos copiar todos los ficheros que tenemos en un *tar* y extraerlos en un directorio del contenedor:

```
root@ger:/tmp# tar cvf cp.tar cp
cp/
cp/hostname
cp/hosts.sbak
cp/hosts.allow
cp/hosts
cp/host.conf
cp/hosts.deny
root@ger:/tmp# cat cp.tar | docker cp - container1:/root/
root@ger:/tmp# docker exec -it container1 ls -al /root/cp/
total 88
drwxr-xr-x 2 root root  4096 Apr 27 14:32 .
dr-xr-x--- 1 root root  4096 Apr 27 14:36 ..
-rw-r--r-- 1 root root    92 Apr 27 14:32 host.conf
-rw-r--r-- 1 root root     4 Apr 27 14:32 hostname
-rw-r--r-- 1 root root 29354 Apr 27 14:32 hosts
-rw-r--r-- 1 root root   411 Apr 27 14:32 hosts.allow
-rw-r--r-- 1 root root   711 Apr 27 14:32 hosts.deny
-rw-r--r-- 1 root root 29060 Apr 27 14:32 hosts.sbak
root@ger:/tmp#
```

También es importante destacar que para seguir enlaces simbólicos debemos añadir la el parámetro "*-L*" antes del origen y el destino. Al igual que si queremos conservar la información GID y UID en el fichero de destino tenemos que añadir el parámetro "*-a*".

Ver logs de un contenedor

Los logs de un contenedor nos pueden ayudar mucho en momentos en los que el contenedor no levanta.

Para ver los *logs* de un contenedor hay que ejecutar el comando:

```
docker logs CONTAINER
```

Un ejemplo de esto es:

```
root@ger:~# docker  run -d --name container2 nginx:alpine
d5dfd515de27688add36ff0c21adf570b3ca41f0fce21f948f3f3177a18f9997
root@ger:~# docker logs container2
root@ger:~# docker inspect container2 |grep 172
            "Gateway": "172.17.0.1",
            "IPAddress": "172.17.0.2",
                    "Gateway": "172.17.0.1",
                    "IPAddress": "172.17.0.2",
root@ger:~# curl 172.17.0.2 > /dev/null
  % Total    % Received % Xferd  Average Speed   Time    Time     Time  Current
                                 Dload  Upload   Total   Spent    Left  Speed
100   612  100   612    0     0   597k      0 --:--:-- --:--:-- --:--:--  597k
root@ger:~#
root@ger:~# docker logs container2
172.17.0.1 - - [27/Apr/2020:14:55:18 +0000] "GET / HTTP/1.1" 200 612 "-" "curl/7.58.0" "-"
root@ger:~#
```

Diferencias en los contenedores

Para saber que cambios ha tenido un contenedor desde su creación se puede utilizar el comando *docker history* el cual nos mostrará los ficheros que han sido modificados. Su sintaxis es:

```
docker history CONTAINER
```

Un ejemplo de cómo se ven los cambios es:

```
root@ger:~# docker run -it -d --name container1 centos:7
a72d4f98783308915860829042a060b33ade7e184aa6920413a9a7eb566535
a3
root@ger:~# docker diff container1
root@ger:~# docker exec -it container1 su -
[root@a72d4f987833 ~]# touch test1
[root@a72d4f987833 ~]# echo 123 >> test1
[root@a72d4f987833 ~]# exit
logout
root@ger:~# docker diff container1
C /root
A /root/test1
A /root/.bash_history
C /var
C /var/log
C /var/log/lastlog
root@ger:~#
```

Como se puede ver en el ejemplo se crea el contenedor, nada más crearse no se ven cambios. Según avanza el tiempo se ven cambios en los ficheros de *logs* y cuando se ejecutan comandos se modifica el fichero *.bash_history* y se crean ficheros por las salidas de los comandos ejecutados.

Docker system

Este apartado sirve para obtener información general de todo el sistema docker y para hacer limpieza.

El comando *docker system* tiene varios subcomandos:

- docker system info
- docker system df
- docker system events
- docker system prune

Ver información de un host de docker

Para ver la información sobre el host desde docker podemos ejecutar el comando *docker system info* o su abreviatura *docker info* así:

```
[ger-pc ~]# docker info
Client:
 Debug Mode: false

Server:
 Containers: 1
  Running: 1
  Paused: 0
  Stopped: 0
 Images: 5
 Server Version: 19.03.7-ce
 Storage Driver: overlay2
  Backing Filesystem: <unknown>
  Supports d_type: true
  Native Overlay Diff: false
 Logging Driver: json-file
 Cgroup Driver: cgroupfs
 Plugins:
  Volume: local
  Network: bridge host ipvlan macvlan null overlay
  Log: awslogs fluentd gcplogs gelf journald json-file local logentries splunk syslog
 Swarm: inactive
 Runtimes: runc
 Default Runtime: runc
 Init Binary: docker-init
 containerd version: d76c121f76a5fc8a462dc64594aea72fe18e1178.m
 runc version: dc9208a3303feef5b3839f4323d9beb36df0a9dd
 init version: fec3683
 Security Options:
  apparmor
```

```
 seccomp
   Profile: default
 Kernel Version: 5.5.8-1-MANJARO
 Operating System: Manjaro Linux
 OSType: linux
 Architecture: x86_64
 CPUs: 4
 Total Memory: 7.233GiB
 Name: ger-pc
 ID:
 MWH3:24AM:UAZJ:E5UL:TRI3:F4NZ:Y3JD:IMKP:7G2V:VV6I:L5XF:J2TW
 Docker Root Dir: /var/lib/docker
 Debug Mode: false
 Registry: https://index.docker.io/v1/
 Labels:
 Experimental: false
 Insecure Registries:
   127.0.0.0/8
 Live Restore Enabled: false
```

De esta forma podremos saber sobre que hardware, versión de docker, características del sistema, sobre el que trabajamos.

Ver uso de disco de cada contenedor

Podemos ver la capacidad de disco usada por cada imagen, contenedor, volumen y build cache. El comando *docker system df* nos dará un breve resumen del disco por cada componente de docker como se puede ver en el siguiente ejemplo:

```
[ger-pc ~]# docker system df
TYPE             TOTAL           ACTIVE
SIZE             RECLAIMABLE
Images           6               1
1.006GB          803.4MB (79%)
Containers       1               0              2B
2B (100%)
Local Volumes    0               0              0B
0B
Build Cache      0               0              0B
0B
[ger-pc ~]#
```

Si además de eso queremos saber cuánto espacio ocupa en disco cada imagen o cada contenedor o cada volumen se tiene que añadir la opción *-v* al comando como se puede ver en el siguiente ejemplo:

```
[ger-pc ~]# docker system df -v
Images space usage:

REPOSITORY              TAG                     IMAGE ID
CREATED                 SIZE                    SHARED SIZE
UNIQUE SIZE             CONTAINERS
nginx                   alpine                  89ec9da68213        3
days ago                19.94MB                 0B
19.94MB                 0
archlinux               latest                  9651b9e35f39        2
weeks ago               412.2MB                 0B
412.2MB                 0
ubuntu                  18.04                   4e5021d210f6        5
weeks ago               64.21MB                 0B
64.21MB                 0
centos                  8                       470671670cac        3
months ago              237.1MB                 0B
237.1MB                 0
ubuntu                  19.04                   c88ac1f841b7        3
months ago              69.99MB                 0B
69.99MB                 0
centos                  7                       5e35e350aded        5
months ago              203MB                   0B
203MB                   1

Containers space usage:

CONTAINER ID            IMAGE                   COMMAND
LOCAL VOLUMES           SIZE                    CREATED
STATUS                          NAMES
6e034771f891            centos:7                "/bin/bash"          0
2B                      25 hours ago            Exited (137) 15 hours
ago     container1

Local Volumes space usage:

VOLUME NAME             LINKS                   SIZE

Build cache usage: 0B

CACHE ID                CACHE TYPE              SIZE
CREATED                 LAST USED               USAGE
SHARED
[ger-pc ~]#
```

Ver eventos en tiempo real

El comando *docker system events* nos reporta eventos del sistema de docker en tiempo real. Esto nos puede ayudar cuando el sistema tiene algún fallo y queremos evitar que se reproduzca.

La sintaxis del comando es muy sencilla:

```
docker system events
```

Eliminar residuos de docker

Docker tiene una forma muy rápida de limpiar de limpiar el sistema. El comando *docker system prune* nos puede ayudar mucho a realizar la limpieza del sistema,

La sintaxis del comando es:

```
docker system prune
```

Un ejemplo de la salida es:

```
[ger-pc ~]# docker system prune
WARNING! This will remove:
    - all stopped containers
    - all networks not used by at least one container
    - all dangling images
    - all dangling build cache

Are you sure you want to continue? [y/N] y
Deleted Containers:
6e034771f891225529dc6fc7eef6f40d537820d7607f68885edc10f2c71c6f9d

Total reclaimed space: 2B
[ger-pc ~]#
```

Como se puede ver solo eliminará:

- Contenedores parados
- Redes sin uso (no tienen contenedores)
- Imágenes colgadas
- Build cacé colgada

Para no pedir confirmación añadimos el parámetro -f por lo que debería ser *docker system prune -f* y así se borrará todo lo anterior de golpe, sin confirmación,

Si queremos borrar todas las imágenes podemos ejecutar el comando añadiendo -a quedando el comando así:

```
docker system prune -a
```

Para eliminar volúmenes también, hay que añadir el parámetro --*volumes* como en el siguiente ejemplo:

```
docker system prune --volumes
```

Backups y restores

Al igual que se puede hacer con las imágenes, los contenedores también se pueden exportar a un fichero para crear un *backup* e importar de un fichero para restaurarlo.

Para crear un *backup* de un contenedor o exportarlo a un fichero se debe ejecutar el siguiente comando:

```
docker export -o filesystem.tar ID_DE_CONTAINER
```

Un ejemplo con un contenedor:

```
root@ger:~# docker ps
CONTAINER ID        IMAGE               COMMAND
CREATED             STATUS              PORTS
NAMES
a72d4f987833        centos:7            "/bin/bash"         23 hours ago          Up 23 hours
container1
root@ger:~# docker export -o backup.tar container1
root@ger:~# ls -alth backup.tar
-rw------- 1 root root 202M abr 28 16:31 backup.tar
root@ger:~#
```

Como comentamos en el capítulo "Exportar e importar imágenes", para restaurar un contenedor a partir de un fichero se utiliza el comando *docker import* recordamos que este comando puede importar tanto ficheros *tar* creados a partir de imágenes como de contenedores para más información sobre este comando podéis ir al capítulo "Exportar e importar imágenes". La sintaxis de este comando es

```
docker import [OPTIONS] file|URL|- [REPOSITORY[:TAG]]
```

Este comando creara una imagen que podremos usar para "re-crear" el contenedor: Mostramos un ejemplo a partir del *backup* de antes:

```
root@ger:~# ls -alth backup.tar
-rw------- 1 root root 202M abr 28 16:31 backup.tar
root@ger:~# docker import backup.tar backupcont1
sha256:8a3a7e3824d4ece1148b56ce99fed18d4ee56c1e0022d263a3ed6d1
affaec475
root@ger:~# docker images -f reference="backupcont1"
REPOSITORY           TAG                 IMAGE ID            CREATED             SIZE
backupcont1          latest              8a3a7e3824d4        20 seconds ago      203MB
root@ger:~# docker run -d -it --name container1 backupcont1 bash
2a8c0ba5bee9342efa12b3da1b639511944bfd715e9a2c48c2cc82a186364a1a
root@ger:~# docker ps -f name="container1"
CONTAINER ID        IMAGE               COMMAND             CREATED             STATUS              PORTS               NAMES
2a8c0ba5bee9        backupcont1         "bash"              About a minute ago  Up About a minute                       container1
root@ger:~#
```

Creando y usando tu propia imagen

Como hemos visto anteriormente docker funciona a partir de "imágenes". Estas imágenes se pueden crear a partir de contenedores existentes o a partir de *dockerfiles* (veremos más adelante qué son los *dockerfiles* y cómo usarlos).

En el capítulo anterior (*backups y restores*) vimos como podíamos crear una imagen a partir de un contenedor exportando la imagen. A continuación veremos cómo crear la imagen a partir de un contenedor que está corriendo sin exportarlo a un fichero.

Crear imagen a partir de un contenedor

Para crear una imagen a partir de un contenedor tenemos que ejecutar el comando *docker commit* con la siguiente sintaxis

```
docker commit -m "DESCRIPCION DEL COMMIT" -a "AUTOR" CONTENEDOR IMAGEN:TAG
```

Es importante destacar que el nombre de la imagen y el tag deben ir en minúsculas.

Es decir que si tenemos un contenedor llamado *cont1* con ID 50d49e67d744 y queremos crear a partir de ese contenedor una imagen llamada *imgtest* con tag *1.0* lo podemos hacer de estas dos formas:

Ejemplo1: Creación por nombre de contenedor

```
root@ger:~# docker ps -f name="cont1"
CONTAINER ID        IMAGE               COMMAND
CREATED             STATUS              PORTS
NAMES
50d49e67d744        nginx:alpine        "nginx -g 'daemon of…"
37 seconds ago      Up 36 seconds       80/tcp
cont1
root@ger:~# docker commit -m "CREADA IMAGEN DE PRUEBA" -a
"Gerardo Garcia U." cont1 imgtest:1.0
sha256:4fe1bc88035172e1c7d9a0f2ddb33de0cea6a774fb154b412ad24d3
07b766d32
root@ger:~# docker images -f reference="imgtest"
REPOSITORY          TAG                 IMAGE ID
CREATED             SIZE
imgtest             1.0                 3151fdd7ee0c        47
seconds ago         203MB
root@ger:~#
```

Ejemplo2: Creación por ID de contenedor

```
root@ger:~# docker ps -f name="cont1"
CONTAINER ID        IMAGE               COMMAND
CREATED             STATUS              PORTS
NAMES
50d49e67d744        nginx:alpine        "nginx -g 'daemon of…"
37 seconds ago      Up 36 seconds       80/tcp
cont1
root@ger:~# docker commit -m "CREADA IMAGEN DE PRUEBA" -a
"Gerardo Garcia U." 2a8c0ba5bee9 imgtest:1.0
sha256:3151fdd7ee0ce3f8451b51f868ca1bb8cbd6f4b97b6486989025b42
72dc6e043
root@ger:~# docker images -f reference="imgtest"
REPOSITORY          TAG                 IMAGE ID
CREATED             SIZE
imgtest             1.0                 3151fdd7ee0c        47
seconds ago         203MB
root@ger:~#
```

Esta práctica no es la más recomendable pero nos puede servir para poder aprovechar un contenedor que tenemos corriendo y crear una imagen a partir de él. Esta imagen la podemos subir a un *docker registry* o a *dockerhub* como veremos más adelante y utilizarla como base en un *dockerfile*.

La mejor práctica es crear imágenes con *dockerfiles* ya que se pueden gestionar mejor, ocupan menos y al ser texto plano se pueden versionar con GIT. En el siguiente capítulo veremos cómo hacerlo.

Dockerfiles

Un docker file es un fichero de configuración en texto plano que sirve para construir una imagen. Podemos partir a través de una imagen base localizada en un repositorio privado o bien en dockerhub y hacer modificaciones en esa imagen para conseguir una imagen propia.

En este capítulo vamos a ver cómo crear dockerfiles y cómo crear imágenes a partir de dockerfiles.

Comandos de dockerfile

En el dockerfile hay que ir poniendo comandos que modificaran una imagen para convertirla en lo que queremos. Lo principales y más usados son:

FROM

FROM indica la imagen en la que se basa la imagen que estás creando.

Sintaxis:
```
FROM imagen:tag
```

Ejemplo:
```
FROM: ubuntu:18.04
```

LABEL

El comando label sirve para especificar una etiqueta, se define así:

```
LABEL clave=valor
```

Por ejemplo para especificar el mantenedor de una imagen:
```
LABEL maintainer="email@dominio"
```

COPY

El comando *COPY* es capaz de copiar ficheros directorios desde el sistema anfitrión a la nueva imagen que estamos generando. Es capaz de aplicar un usuario y grupo en el mismo comando. Su sintaxis es:

```
COPY [--chown=<user>:<group>] ["<src>",... "<dest>"]
```

Un ejemplo simple de este comando es:

```
COPY mi_directorio /home/usuariodocker/
```

El mismo pero estableciendo usuario y grupo:

```
COPY --chown=usuario:grupo mi_directorio /home/usuariodocker/
```

El comando *COPY* crea capas intermedias. Estas capas intermedias realmente son contenedores intermedios con la copia de los ficheros.

ADD

El comando *ADD* hace copia de ficheros y directorios como lo hace *COPY* pero con la diferencia de que *ADD* puede tomar como origen una *URL* y también puede copiar un fichero *tar* o *tgz* y extraer su contenido en la ruta de destino (la ruta de destino siempre es dentro del contenedor).

```
ADD [--chown=<user>:<group>] ["<src>",... "<dest>"]
```

Ejemplo de uso con una URL como origen:

```
ADD https://example.com/readme.txt /root/
```

En el ejemplo anterior copiamos un fichero directamente desde una URL.

Otro ejemplo es la extracción de un fichero *tar* en */etc*:

```
ADD fichero.tar /etc/
```

Las "*best practices*" de los *dockerfiles* recomiendan usar el comando COPY en lugar de usar ADD.

Como ocurre con *COPY* este comando también crea un contenedor intermedio o *layer*.

RUN

El comando *RUN* es capaz de ejecutar comandos dentro de una imagen intermedia (al igual que sucede con los comandos COPY y ADD) para por ejemplo ejecutar un script, instalar aplicaciones que va a necesitar el contenedor final o realizar alguna acción necesaria para preparar el contenedor final.

La sintaxis del comando es la siguiente:

```
RUN <comando>
```

Un ejemplo de uso de este comando es el siguiente:

```
RUN apt-get install -y apache2
```

En el ejemplo anterior hacemos que la imagen final tenga instalado apache.

Un ejemplo de mala práctica sería:

```
RUN apt-get update
RUN apt-get install - apache2
```

Es mala práctica porque al generar una imagen intermedia por cada comando "*RUN*" ejecutado el primer comando "*apt-get update*" puede quedar cacheado no ejecutándose la siguiente vez que usemos el *dockerfile* llegando a causar problemas. Para evitar este tipo de cosas debemos tratar de ejecutar el máximo número de comandos posibles en un único comando *RUN* esto lo podemos hacer así:

```
RUN apt-get update && apt-get install -y apache2
```

ENTRYPOINT

El comando *ENTRYPOINT* indica un script o binario que se ejecutará al arranque del contenedor. Este comando admite parámetros y su sintaxis es la siguiente:

```
ENTRYPOINT ["ejecutable", "parametro1", "parametro2"]
```

Un ejemplo del comando *entrypoint* es por ejemplo, si hemos instalado apache

```
ENTRYPOINT ['/usr/sbin/apache2']
```

Como se puede ver en el ejemplo anterior no es necesario que incluya parámetros.

CMD

Este comando es similar a *ENTRYPOINT* la diferencia es que en el comando ENTRYPOINT los parámetros no se ignoran cuando el contenedor Docker se ejecuta con parámetros de línea de comandos.

La sintaxis del comando CMD es la siguiente:

```
CMD ["COMANDO"]
```

El mejor uso para ENTRYPOINT es establecer el comando principal de la imagen, permitiendo que la imagen se ejecute como si fuera ese comando (y luego usar CMD como las *flags* predeterminadas).

```
ENTRYPOINT ["mi_ejecutable"]
CMD ["--help"]
```

Con esta configuración por defecto se mostraría el uso del contenedor (si en el ejecutable utilizado tenemos implementado el parámetro *--help*)

EXPOSE

El comando *EXPOSE* informa de los puertos que van a estar a la escucha en la imagen pero no los publica automáticamente (para publicar los puertos tenemos que usar la opción *-p* del *docker run* como hemos comentado anteriormente).

La sintaxis de este comando es la siguiente:

```
EXPOSE <port> [<port>/<protocol>.
```

Por defecto el comando *EXPOSE* asume que le indicamos *TCP* si no especificamos protocolo. Si queremos referirnos a un puerto UDP debemos especificarlo.

Más ejemplos:

Queremos especificar el puerto 80 TCP, podemos hacerlo de las siguientes formas:

Forma1:

```
EXPOSE 80
```

Forma2:

```
EXPOSE 80/tcp
```

Sin embargo para indicar el puerto 80 UDP, solo podemos hacerlo así:

```
EXPOSE 80/udp
```

Si queremos indicar TCP y UDP podemos hacerlo así:

```
EXPOSE 80/tcp
EXPOSE 80/udp
```

VOLUME

La instrucción *VOLUME* hace que se cree un volumen para el contenedor, si el directorio que hemos especificado para el punto de montaje tiene contenido en la imagen, se copiará al volumen.

Un ejemplo de la sintaxis es:

```
VOLUME ["/Punto_de_montaje"]
```

También puedes usarlo así:

```
VOLUME /Punto_de_montaje
```

Un ejemplo de uso es por ejemplo si queremos hacer una imagen para MySQL. Sus directorios pueden ocupar más de los 10GB que tiene destinado por defecto a los sistemas de ficheros de los contenedores por lo que los directorios que puedan ocupar más espacio deberían ir sobre volúmenes separados. En el caso del ejemplo los directorios más comunes suelen ser */var/lib/mysql* y */var/log/mysql* por lo que vamos a crear un volumen por cada directorio:

```
VOLUME ["/var/lib/mysql","/var/lib/mysql"]
```

Si al crear un contenedor con esta imagen creamos un bind en ese punto de montaje se omitirá la creación del volumen.

ENV

Con este comando definiremos variables de entorno que vivirán durante la creación de la imagen (no son variables de entorno para el contenedor que creemos con la imagen). Estas variables pueden servir para definir versiones, directorios y nombres a la hora de crear la imagen. Su sintaxis es:

```
ENV NOMBRE_VARIABLE VALOR
```

Por ejemplo si queremos definir un directorio para un script y luego ejecutarlo:

```
ENV mydir /mydir
COPY ./myscript.sh $mydir
RUN $mydir/myscript.sh
```

STOPSIGNAL

El comando STOPSIGNAL establece la señal que se enviará al contenedor para finalizarlo. Esta señal puede ser un número sin signo negativo y que coincida con una posición en la tabla *syscall* del núcleo, por ejemplo 9 o un nombre de señal en el formato SIGNAME, por ejemplo *SIGKILL* . Ambas señales matarán el proceso del contenedor de forma inmediata.

Su sintaxis es:

```
STOPSIGNAL SEÑAL
```

Por ejemplo:

```
STOPSIGNAL 9
```

USER

Este comando define con qué usuario y grupo se ejecutará el *ENTRYPOINT* y el *CMD*. Su sintaxis es:

```
USER <user>[:<group>]
```

O también:

```
USER <UID>[:<GID>]
```

WORKDIR

El comando *WORKDIR* establece el directorio donde trabajará cualquiera de los comandos ejecutados en el *dockerfile* (*RUN, CMD, ENTRYPOINT, COPY y ADD*).

La sintaxis de este comando es:

```
WORKDIR /PATH_DEL_DIRECTORIO
```

El siguiente ejemplo muestra cómo establecer como directorio de trabajo */home/mydir*:

```
WORKDIR /home/mydir
```

ONBUILD

El comando *ONBUILD* añade a la imagen un *trigger* para ejecutar una instrucción cuando la imagen se use para crear un "hijo" a partir de ella. Esta instrucción se ejecutará inmediatamente después de *FROM* como si se hubiese añadido en el *dockerfile*.

Su sintaxis es la siguiente:

```
ONBUILD <INSTRUCTION>
```

Por ejemplo si queremos hacer que se ejecute el comando *RUN* llamando a un ejecutable podemos ejecutar lo siguiente:

```
ONBUILD RUN /bin/miejecutable.sh
```

Nuestro primer dockerfile

Una vez explicados los comandos más utilizados en *dockerfile*, vamos a empezar a crear un *dockerfile* y a explicar cómo crear una imagen con él.

Este *dockerfile* generará una imagen basada en Ubuntu 20.04:

```
FROM ubuntu:20.04
LABEL maintainer="gerardo.garcia.urtiaga@gmail.com"

COPY ./entrypoint.sh /sbin/entrypoint.sh

RUN apt-get update && \
  apt install apache2 libapache2-mod-proxy-msrpc \
  libapache2-mod-proxy-uwsgi \
  libapache2-mod-proxy-uwsgi-dbg -y && \
  a2enmod http2 && a2enmod ssl && a2enmod proxy \
  && a2enmod proxy_http && a2enmod proxy_http2 \
  && a2enmod proxy_html && a2enmod proxy_ajp \
  && chmod +x /sbin/entrypoint.sh


ENTRYPOINT ["/sbin/entrypoint.sh"]
```

El ejecutable del *entrypoint* es el siguiente:

```
#!/bin/bash
#Script de arranque de apacheproxy

/etc/init.d/apache2 start
Bash
```

Como podemos ver en el fichero de *dockerfile* creamos una imagen basada en Ubuntu:20.04 instalando apache y los módulos de proxy y copiando el ejecutable de arranque a */sbin/entrypoint.sh*, después definimos este ejecutable como punto de entrada.

La estructura de directorios es la siguiente:

```
[root@ger apacheproxy]# ls -alh
total 16K
drwxr-xr-x 2 root root  91 abr 14 11:19 .
drwxr-xr-x 8 root root 160 abr 14 12:16 ..
-rw-r--r-- 1 root root 478 abr 14 01:44 Dockerfile
-rw-r--r-- 1 root root  79 abr 14 01:26 entrypoint.sh
[root@ger apacheproxy]#
```

La imagen se llama *apacheproxy:1.0*. Para crearla tenemos que ejecutar el comando *docker build* el cual tiene la siguiente sintaxis:

```
docker build [OPTIONS] PATH | URL | -
```

Se pueden ver los parámetros ejecutando *docker build --help*
Nosotros utilizaremos los siguientes parámetros:

```
docker build -t "IMAGEN:TAG"  -f ./FICHERO_DOCKERFILE DIRECTORIO
```

Nosotros ejecutaremos la siguiente instrucción desde dentro del directorio del *dockerfile*:

```
docker build -t "apacheproxy:1.0"  -f ./Dockerfile .
```

El resultado de la ejecución es el siguiente:

```
[root@ger apacheproxy]# docker build -t "apacheproxy:1.0" -f ./Dockerfile .
Sending build context to Docker daemon  5.632kB
Step 1/5 : FROM ubuntu:18.04
 ---> 4e5021d210f6
Step 2/5 : LABEL maintainer="gerardo.garcia.urtiaga@gmail.com"
 ---> Using cache
 ---> 2afb1936c3d3
Step 3/5 : COPY ./entrypoint.sh /sbin/entrypoint.sh
 ---> Using cache
 ---> 2a87bc1657dd
Step 4/5 : RUN apt-get update &&  apt install apache2 libapache2-mod-proxy-msrpc   libapache2-mod-proxy-uwsgi libapache2-mod-proxy-uwsgi-dbg -y &&   a2enmod http2 && a2enmod ssl && a2enmod proxy   && a2enmod proxy_http && a2enmod proxy_http2  && a2enmod proxy_html && a2enmod proxy_ajp   && chmod +x /sbin/entrypoint.sh
 ---> Using cache
 ---> 05814e0ecf78
Step 5/5 : ENTRYPOINT ["/sbin/entrypoint.sh"]
 ---> Using cache
 ---> 0b5cfe91b719
Successfully built 0b5cfe91b719
Successfully tagged apacheproxy:1.0
```

Y como se puede ver ya tenemos creada la imagen para poder usarla:

```
[root@ger apacheproxy]# docker images -f reference="apacheproxy:1.0"
REPOSITORY          TAG                 IMAGE ID            CREATED             SIZE
apacheproxy         1.0                 0b5cfe91b719        2 minutes ago       193MB
[root@ger apacheproxy]#
```

Subir una imagen a dockerhub

Como hemos visto anteriormente *dockerhub* es el repositorio oficial de imágenes de docker. Para para poder subir una imagen a *dockerhub* el primer paso es crear un usuario en *dockerhub*, para eso nos dirigimos a https://hub.docker.com/signup

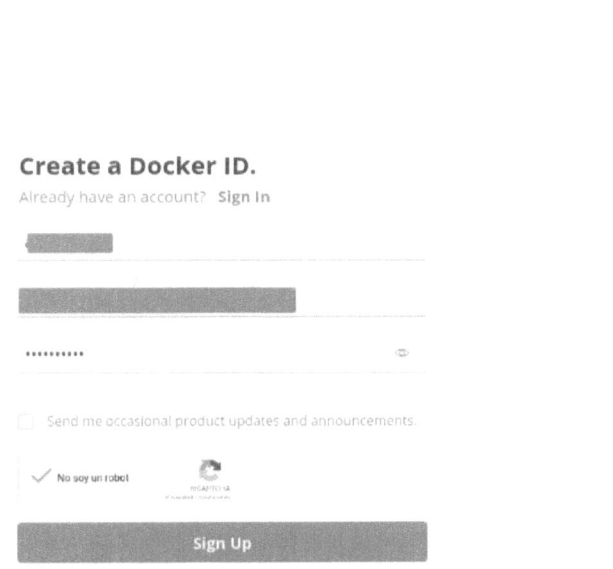

Si ya tenemos usuario, debemos hacer *login* en https://id.docker.com/login/ para continuar.

Una vez dentro, si te pregunta por el "*plan*" de tu cuenta, si solo vas a crear repositorios públicos o vas a hacer pruebas elige "*Community*":

Si acabamos de registrarnos, debemos confirmar la dirección de correo:

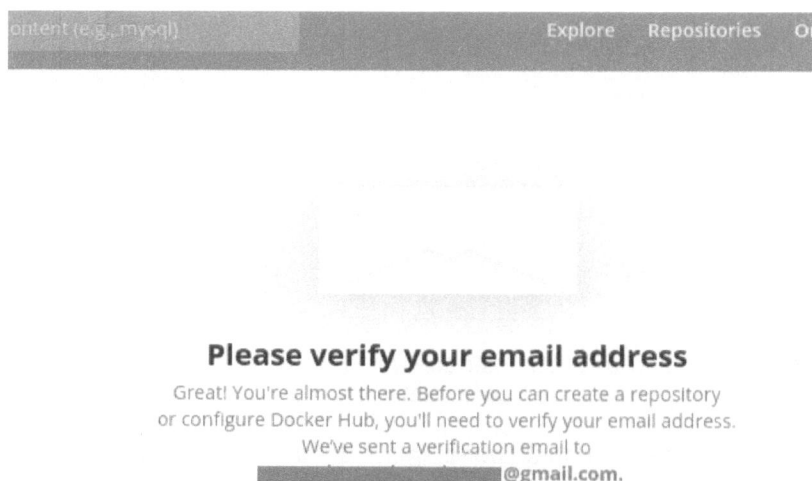

Para ello nos dirigimos a la bandeja de entrada de nuestro correo y veremos un correo de docker con *subject* "*[Docker Hub] Please confirm your email address*":

Hey aprendeit!

Thanks for joining Docker. To finish registration, please click the button below to verify your account.

Verify email address

Once verified, you can download Docker Desktop, create repositories and invite others to collaborate with you. If you have any problems, please contact us: hub-support@docker.com

- Docker Team

Tras confirmar el correo accederemos al panel de control de *dockerhub*.
Una vez estemos dentro de la cuenta de *dockerhub* debemos crear el nuevo repositorio. Si Hemos accedido por primera vez, veremos un tutorial, podemos seguirlo o pinchar en "*skip*".

Ya situados en la parte principal del panel de control pinchamos en repositorios en la barra de navegación:

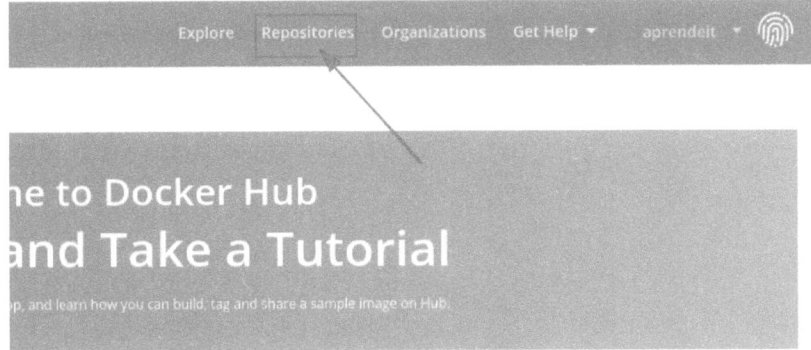

Arriba a la derecha aparece un botón de crear repositorio:

Tras pinchar en él, aparecerán las opciones del repositorio las rellenamos según nuestro vayamos a usar nuestro repositorio:

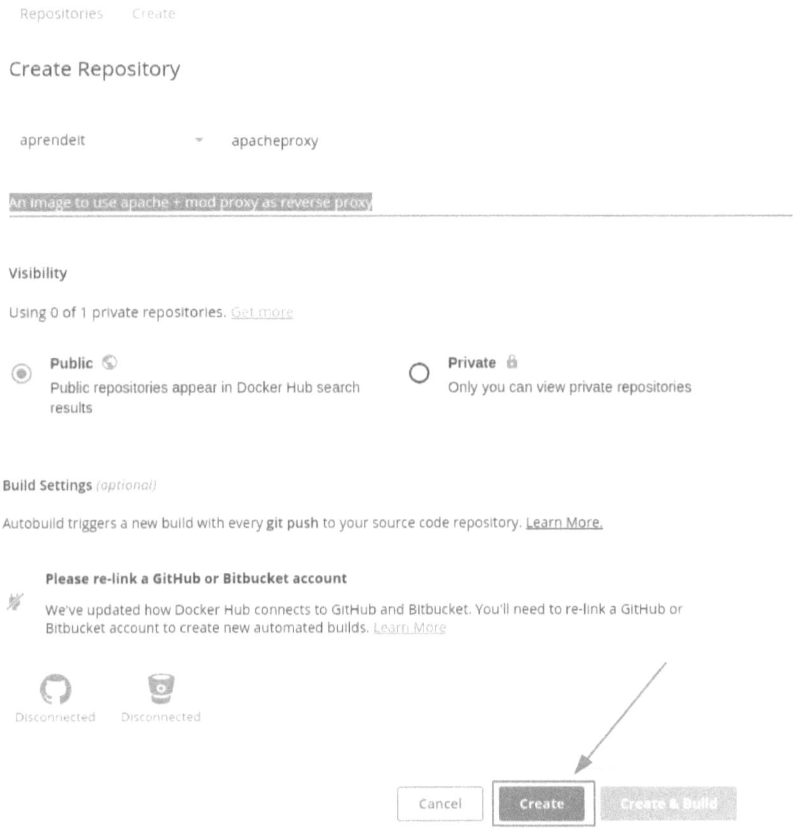

Al terminar de rellenarlo pinchamos en créate. Si lo hubiésemos conectado con un repositorio de *git* podríamos hacer "*create+build*", nosotros seguiremos con la otra opción.

Tras pinchar en *"create"*, ya nos aparecerá el repositorio:

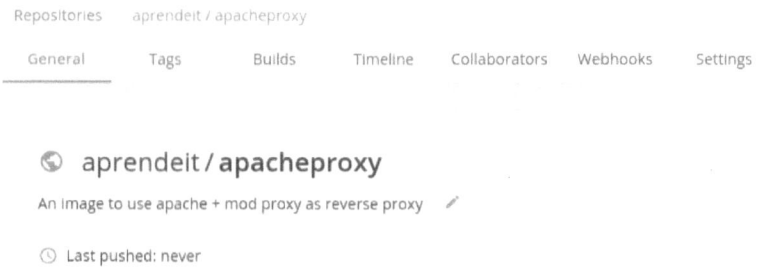

Ahora comenzaremos a subir la imagen. Vamos a subir la imagen que generamos anteriormente *"apacheproxy:1.0"* a partir de un *dockerfile*. Se puede subir cualquier imagen (generada a partir de un contenedor como vimos anteriormente o a partir de un *dockerfile*).

La imagen:

```
[root@ger apacheproxy]# docker images -f reference="apacheproxy:1.0"
REPOSITORY          TAG                 IMAGE ID            CREATED             SIZE
apacheproxy         1.0                 0b5cfe91b719        1 hour ago          193MB
[root@ger apacheproxy]#
```

Lo primero es hacer *login* en *dockerhub* desde la Shell que vamos a subir la imagen para eso utilizamos el comando *docker login* con la siguiente sintaxis:

```
docker login --username=yourhubusername
```

Ejecutamos el comando:

```
[root@ger apacheproxy]# docker login --username=aprendeit
Password:
WARNING! Your password will be stored unencrypted in /root/.docker/config.json.
Configure a credential helper to remove this warning. See
https://docs.docker.com/engine/reference/commandline/login/#credentials-store

Login Succeeded
[root@ger apacheproxy]#
```

Como dice la salida del comando, debemos tener cuidado con el fichero /root/.docker/config.json ya que almacena la password en claro.

Después de hacer login, debemos etiquetar la imagen que vamos a subir para ello ejecutamos *docker tag* con la sintaxis:

```
docker tag IMAGEN_ORIGEN USERNAME/IMAGEN_DESTINO:TAG
```

En nuestro caso:

```
[root@ger apacheproxy]# docker images -f reference="apacheproxy:1.0"
REPOSITORY              TAG                 IMAGE ID            CREATED             SIZE
apacheproxy             1.0                 0b5cfe91b719        1 hour ago          193MB
[root@ger apacheproxy]# docker tag apacheproxy:1.0 aprendeit/apacheproxy:1.0
[root@ger apacheproxy]#
```

Una vez etiquetada la imagen, la subimos con el comando *docker push* usando la siguiente sintaxis:

```
docker push USUARIO/IMAGEN:TAG
```

En nuestro caso

```
[root@ger apacheproxy]# docker push aprendeit/apacheproxy:1.0
The push refers to repository [docker.io/aprendeit/apacheproxy]
e598295d3d72: Pushed
5bd4e1a2a114: Pushed
16542a8fc3be: Mounted from library/ubuntu
6597da2e2e52: Mounted from library/ubuntu
977183d4e999: Mounted from library/ubuntu
c8be1b8f4d60: Mounted from library/ubuntu
1.0: digest: sha256:aa8566ff659bb3cb4bab7c91a91fd439245a4aea3e69ed58246be74e222b1a0c size: 1571
Tiene correo en /var/spool/mail/root
[root@ger apacheproxy]#
```

Ahora la imagen ya se puede buscar en dockerhub por lo que si la descargamos en otro host debería funcionar:

```
[root@ger ~]# docker search apacheproxy|grep aprendeit
aprendeit/apacheproxy            An image to use apache + mod
proxy as rever…    0
[root@srvmhqspve apacheproxy]# docker pull
aprendeit/apacheproxy:1.0
1.0: Pulling from aprendeit/apacheproxy
Digest:
sha256:aa8566ff659bb3cb4bab7c91a91fd439245a4aea3e69ed58246be74
e222b1a0c
Status: Downloaded newer image for aprendeit/apacheproxy:1.0
docker.io/aprendeit/apacheproxy:1.0
[root@ger ~]#
```

Si vamos al panel de *dockerhub* también la podremos ver subida:

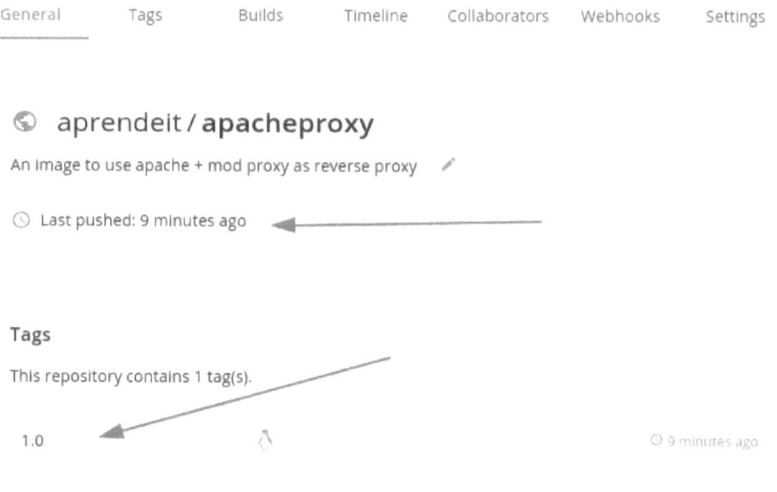

Configuración del servicio de docker

El servicio de docker puede utilizar un fichero de configuración que en ocasiones por defecto no existe. Esto no da problemas de ningún tipo, pero simplemente para configurar algunos aspectos debemos crearlo y añadir algunas configuraciones.

Este fichero en Linux es "*/etc/docker/daemon.json*" y en Windows "*C:\ProgramData\docker\config\daemon.json*". Su contenido es un JSON con la configuración que queramos añadir. Tras modificar este fichero se tiene que reiniciar el servicio.

Por ejemplo cuando queremos definir un *docker registry* sin certificado SSL o con un certificado autofirmado tendremos que poner el siguiente contenido en el fichero antes mencionado:

```
{
    "insecure-registries": ["SERVIDOR:PUERTO"],
}
```

Como se puede ver la clave "*insecure-registries*" contiene un listado de servidores permitidos.

Un ejemplo:

```
[root@nodo1 ~]# cat /etc/docker/daemon.json
{
    "insecure-registries":
        [
            "10.5.44.121:443",
            "10.5.44.121",
            "registry.local"
        ]
}
[root@nodo1 ~]#
```

Este es el ejemplo completo del fichero de configuración con todos los parámetros:

```json
{
        "authorization-plugins": [],
        "data-root": "",
        "dns": [],
        "dns-opts": [],
        "dns-search": [],
        "exec-opts": [],
        "exec-root": "",
        "experimental": false,
        "features": {},
        "storage-driver": "",
        "storage-opts": [],
        "labels": [],
        "live-restore": true,
        "log-driver": "json-file",
        "log-opts": {
                "max-size": "10m",
                "max-file":"5",
                "labels": "somelabel",
                "env": "os,customer"
        },
        "mtu": 0,
        "pidfile": "",
        "cluster-store": "",
        "cluster-store-opts": {},
        "cluster-advertise": "",
        "max-concurrent-downloads": 3,
        "max-concurrent-uploads": 5,
        "default-shm-size": "64M",
        "shutdown-timeout": 15,
        "debug": true,
        "hosts": [],
        "log-level": "",
        "tls": true,
        "tlsverify": true,
        "tlscacert": "",
        "tlscert": "",
        "tlskey": "",
        "swarm-default-advertise-addr": "",
        "api-cors-header": "",
        "selinux-enabled": false,
        "userns-remap": "",
        "group": "",
        "cgroup-parent": "",
        "default-ulimits": {
                "nofile": {
                        "Name": "nofile",
                        "Hard": 64000,
                        "Soft": 64000
                }
        },
        "init": false,
        "init-path": "/usr/libexec/docker-init",
        "ipv6": false,
```

```
            "iptables": false,
            "ip-forward": false,
            "ip-masq": false,
            "userland-proxy": false,
            "userland-proxy-path": "/usr/libexec/docker-proxy",
            "ip": "0.0.0.0",
            "bridge": "",
            "bip": "",
            "fixed-cidr": "",
            "fixed-cidr-v6": "",
            "default-gateway": "",
            "default-gateway-v6": "",
            "icc": false,
            "raw-logs": false,
            "allow-nondistributable-artifacts": [],
            "registry-mirrors": [],
            "seccomp-profile": "",
            "insecure-registries": [],
            "no-new-privileges": false,
            "default-runtime": "runc",
            "oom-score-adjust": -500,
            "node-generic-resources": ["NVIDIA-GPU=UUID1", "NVIDIA-GPU=UUID2"],
            "runtimes": {
                    "cc-runtime": {
                            "path": "/usr/bin/cc-runtime"
                    },
                    "custom": {
                            "path": "/usr/local/bin/my-runc-replacement",
                            "runtimeArgs": [
                                    "--debug"
                            ]
                    }
            },
            "default-address-pools":[
                    {"base":"172.80.0.0/16","size":24},
                    {"base":"172.90.0.0/16","size":24}
            ]
}
```

La referencia completa de la configuración del servicio de docker se encuentra en

https://docs.docker.com/engine/reference/commandline/dockerd/#daemon-configuration-file

Usar un docker registry propio

Como comentamos anteriormente las ventajas de auto-alojar un *docker registry* propio son bastantes, sobre todo a nivel de privacidad. Como ya hemos visto casi todos los aspectos importantes de docker ya tenemos la capacidad de aplicar todos los parámetros que veremos en este capítulo ya que podemos entenderlos. Con docker seremos capaces de levantar un servicio de docker registry en menos de 5 minutos.

Crear un docker registry

Con docker es muy fácil crear un *docker registry* tan solo debemos usar la imagen *registry* en este caso *registry:2* a continuación veremos 3 formas de crearlo.

Crear un servidor de docker registry simple

Vamos a explicar cómo crear un servidor docker registry sobre HTTP en el puerto 5000 TCP del anfitrión, en plano, más adelante veremos cómo levantarlo con HTTPS:

```
mkdir -p /volumes/registry/_data

docker run -it -d --restart always --hostname myregistry01 --name myregistry01 -p 5000:5000 -v /volumes/registry/_data:/var/lib/registry registry:2
```

Con esto ya tendríamos un servidor de docker registry totalmente funcional ejecutándose sobre protocolo HTTP, este servicio no requiere autenticación, para que la requiera veremos más adelante cómo hacerlo.

Crear un servidor de docker registry sobre HTTPS:

En este caso se complica un poco la creación del servicio de docker registry pero aun así sigue siendo bastante sencillo.

Primero tenemos que crear los directorios que usaremos más adelante (si quieres pueden ser otros), con los siguientes comandos:

```
mkdir -p /volumes/registry/_data
mkdir -p /volumes/registry/certs
```

Después que tenemos que hacer es obtener el certificado SSL que vamos a utilizar nosotros utilizaremos un certificado autofirmado el cual no será marcado como un certificado valido por docker y tendremos que permitir como servidor inseguro (aun así seguirá cifrando la conexión podríamos crear un certificado CA y añadirlo para que validase nuestro certificado, pero esto no lo vamos a ver en este libro. Si queremos un certificado para un dominio público debemos comprarlo, esto se puede hacer en muchos de los proveedores de dominios.

Para crear el certificado autofirmado debemos utilizar *openssl*. Utilizaremos el siguiente comando:

```
openssl req -x509 -nodes -days 350 -newkey rsa:2048 -keyout /volumes/registry/certs/registry.key -out /volumes/registry/certs/registry.crt
```

Cuando lo ejecutemos nos hará varias preguntas para generar los certificados. Generará dos ficheros, la llave publica o certificado "*/volumes/registry/certs/registry.crt*" y la llave privada "*/volumes/registry/certs/registry.key*". Lo hemos generado con una caducidad anual con "*-days 350*", se puede especificar el número que quieras de caducidad. Las preguntas son las siguientes:

```
root@ubuntu-dev01:~# openssl req -x509 -nodes -days 350 -newkey rsa:2048 -keyout /volumes/registry/certs/registry.key -out /volumes/registry/certs/registry.crt
Generating a RSA private key
.................................................+++++
........................+++++
writing new private key to
'/volumes/registry/certs/registry.key'
```

```
-----
You are about to be asked to enter information that will be incorporated
into your certificate request.
What you are about to enter is what is called a Distinguished Name or a DN.
There are quite a few fields but you can leave some blank
For some fields there will be a default value,
If you enter '.', the field will be left blank.
-----
Country Name (2 letter code) [AU]:ES
State or Province Name (full name) [Some-State]:MADRID
Locality Name (eg, city) []:MADRID
Organization Name (eg, company) [Internet Widgits Pty Ltd]:MI ORGANIZACION
Organizational Unit Name (eg, section) []:IT
Common Name (e.g. server FQDN or YOUR name) []:midominio.local
Email Address []:miemail@email.example
root@ubuntu-dev01:~#
```

En la parte donde nos preguntan "*Common Name (e.g. server FQDN or YOUR name)*" debemos introducir el nombre de dominio que utilizaremos, en nuestro caso utilizaremos un nombre que resolveremos en local.

A continuación a podemos levantar el *docker registry* indicándole mediante variables de entorno que vamos utilizar SSL, que vamos a utilizar un certificado en la ruta del volumen que montaremos para certificados que escuchará en el puerto 443 en vez de en el 5000. Luego también publicaremos el puerto 443:

```
docker run -it -d --restart always --hostname registry --name registry -v /volumes/registry/_data/:/var/lib/registry/ -v /volumes/registry/certs:/certs -e REGISTRY_HTTP_ADDR=0.0.0.0:443 -e REGISTRY_HTTP_TLS_CERTIFICATE=/certs/registry.crt -e REGISTRY_HTTP_TLS_KEY=/certs/registry.key -p 443:443 registry:2
```

De esta forma a tendríamos levantado un docker registry que utiliza SSL cifrando la conexión.

Crear docker registry con autenticación

Para que pida autenticación (en este ejemplo sin HTTPS) debemos seguir los siguientes pasos:

1. Hay que instalar el comando htpasswd, si estamos en un sistema basado en redhat lo haremos con:

```
yum install -y httpd-tools
```

Si estamos en un sistema basado en debian lo haremos con:

```
apt update && apt install apache2-utils -y
```

2. Después ya podemos preparar los directorios para tener autenticación.
El comando "htpasswd -B fichero usuario" añadirá un usuario y password en el fichero, lo usaremos para podernos registrar en nuestro docker registry. El fichero debe existir para poder utilizar el comando htpasswd con esos parámetros por lo que ejecutaremos los siguientes comandos para añadir el usuario "admin":

```
mkdir -p /volumes/registry
mkdir -p /volumes/registry/auth
touch /volumes/registry/auth/registry.password
htpasswd -B /volumes/registry/auth/registry.password admin
```

3. Para crear el docker con las opciones de autenticación por htpasswd tendremos que utilizar las siguientes variables de entorno:

```
docker run -it -d --restart always --hostname myregistry --name mregistry -v /volumes/registry/_data/:/var/lib/registry/ -v "/volumes/registry/auth:/auth/" -e "REGISTRY_AUTH=htpasswd" -e "REGISTRY_AUTH_HTPASSWD_REALM=Registry" -e "REGISTRY_AUTH_HTPASSWD_PATH=/auth/registry.password" -p 5000:5000 registry:2
```

Un ejercicio interesante para practicar es montar un servidor de docker registry con SSL+AUTH (ya que deliberadamente no he puesto las opciones en un mismo ejemplo) para hacer esto podemos combinar los dos ejemplos.

Toda la referencia de docker registry oficial está en
https://docs.docker.com/registry/deploying/

Usar un docker registry

Hemos visto cómo crear un *docker registry* pero no como utilizarlo. Aunque realmente no varía mucho de los comandos que usamos cuando vimos *dockerhub*.

Para ver el listado de imágenes de un *docker registry* tenemos que acceder con un navegador web a la dirección del *docker registry* con la url /v2/_catalog (http://SERVIDOR:PUERTO/v2/_catalog o https://SERVIDOR:PUERTO/v2/_catalog dependiendo del protocolo) y nos mostrará todas las imágenes disponibles en formato JSON. Si el servidor de *docker registry* requiere autenticación nos la solicitará al hacer la petición.

Por ejemplo si no requiere autenticación al hacer la consulta a esta url veríamos lo siguiente:

```
[ger-pc ~]# curl --insecure https:// 10.1.1.15/v2/_catalog
{"repositories":[]}
[ger-pc ~]#
```

Si necesitase autenticación la respuesta sería:

```
[ger-pc ~]# curl --insecure https:// 10.1.1.15/v2/_catalog
{"errors":[{"code":"UNAUTHORIZED","message":"authentication required","detail":[{"Type":"registry","Class":"","Name":"catalog","Action":"*"}]}]}
[ger-pc ~]#
```

Lo primero que debemos hacer es configurar correctamente el servicio si tenemos un *docker registry* "inseguro" basado en protocolo HTTP o en HTTPS con certificado autofirmado.

Para ello creamos el fichero de configuración del servicio e docker como habíamos explicado anteriormente, en Linux "*/etc/docker/daemon.json*", el servidor de docker tendrá IP **10.1.1.15** y nombre **mydockerregistry.local**, lo dejaremos preparado el fichero con los puertos 443 y 5000 que son los que usaremos en los ejemplos:

```
{
  "insecure-registries":
  [
      "10.1.1.15",
      "10.1.1.15:5000",
      "10.1.1.15:443",
      "registry.local",
      "registry.local:443",
      "registry.local:5000"
  ]
}
```

Para continuar **si el servidor de docker registry requiere autenticación tenemos que hacer login** en el *docker registry* que queremos usar como hemos visto anteriormente en el capítulo de **dockerhub:**

```
docker login SERVIDOR_DOCKER_REGISTRY:PUERTO
```

Si por el contrario **no requiere** autenticación **debemos omitir el paso anterior**.

A continuación ya podemos utilizar el *docker registry* que hemos instalado tanto para hacer *docker pull* como para hacer *docker push* (bajar y subir imágenes).

Ejemplo de subir en registry sin autenticación:

```
[ger-pc ~]# docker images |grep arch
archlinux            latest              9651b9e35f39         5 weeks ago          412MB
[ger-pc ~]# docker tag archlinux:latest 10.1.1.15:443/arch
[ger-pc ~]# docker push 10.1.1.15:443/arch
The push refers to repository [10.1.1.15:443/arch]
c41b760cac32: Pushed
9e47f42d84b8: Pushed
318afdf782eb: Pushed
fcbcfd1672a6: Pushed
97747b30defb: Pushed
latest: digest: sha256:953fe67de20b0a3936071cdc735e41d21f3d4a95096212846b5f2b89d28aedf8 size: 1367
[ger-pc ~]# curl --insecure https://10.1.1.15/v2/_catalog
{"repositories":["arch"]}
[ger-pc ~]#
```

Ejemplo de bajar imagen sin autenticación:

```
[ger-pc ~]# docker images |grep arch
archlinux            latest              9651b9e35f39        5 weeks ago          412MB
[ger-pc ~]# docker pull 10.1.1.15:443/arch
Using default tag: latest
latest: Pulling from arch
Digest: sha256:953fe67de20b0a3936071cdc735e41d21f3d4a95096212846b5f2b89d28aedf8
Status: Downloaded newer image for 10.1.1.15:443/arch:latest
10.1.1.15:443/arch:latest
[ger-pc ~]# docker images |grep arch
10.1.1.15:443/arch   latest              9651b9e35f39        5 weeks ago          412MB
archlinux            latest              9651b9e35f39        5 weeks ago          412MB
[ger-pc ~]#
```

Ejemplo de subida de imagen con autenticación

Como se puede ver a continuación si intentamos hacer lo mismo que en el ejemplo anterior donde subíamos la imagen, con un servidor que requiere autenticación no nos dejaría:

```
[ger-pc ~]# docker tag archlinux:latest  10.1.1.15:443/arch
[ger-pc ~]# docker push 10.1.1.15:443/arch
The push refers to repository [10.1.1.15:443/arch]
c41b760cac32: Preparing
9e47f42d84b8: Preparing
fcbcfd1672a6: Preparing
97747b30defb: Preparing
no basic auth credentials
[ger-pc ~]#
```

Para poder efectuar la subida debemos hacer *login* antes:

```
[ger-pc ~]# docker login 10.1.1.15:443
Username: admin
Password:
WARNING! Your password will be stored unencrypted in /root/.docker/config.json.
Configure a credential helper to remove this warning. See
https://docs.docker.com/engine/reference/commandline/login/#credentials-store

Login Succeeded
[ger-pc ~]# docker tag archlinux:latest 10.1.1.15:443/arch
[ger-pc ~]# docker push 10.1.1.15:443/arch
The push refers to repository [10.1.1.15:443/arch]
c41b760cac32: Pushed 9e47f42d84b8: Pushed
318afdf782eb: Pushed
97747b30defb: Pushed
latest: digest:
sha256:953fe67de20b0a3936071cdc735e41d21f3d4a95096212846b5f2b89d28aedf8 size: 1367
[ger-pc ~]#
```

Ejemplo de bajar imágenes de un docker registry con autenticación:

Como en el ejemplo anterior si intentamos descargar la imagen y requiere autenticación fallará con el siguiente mensaje:

```
[ger-pc ~]# docker pull 10.1.1.15:443/arch
Using default tag: latest
Error response from daemon: Get "http://10.1.1.15:443/v2/":
net/http: HTTP/1.x transport connection broken: malformed HTTP
response "\x15\x03\x01\x00\x02\x02"
```

Si hacemos *login* nos dejará hacerlo correctamente:

```
[ger-pc ~]# docker login 10.1.1.15:443
Username: admin
Password:
WARNING! Your password will be stored unencrypted in
/root/.docker/config.json.
Configure a credential helper to remove this warning. See
https://docs.docker.com/engine/reference/commandline/login/#cr
edentials-store

Login Succeeded
[ger-pc ~]# docker pull 10.1.1.15:443/arch
Using default tag: latest
latest: Pulling from arch
Digest:
sha256:953fe67de20b0a3936071cdc735e41d21f3d4a95096212846b5f2b8
9d28aedf8
Status: Downloaded newer image for 10.1.1.15:443/arch:latest
10.1.1.15:443/arch:latest
[ger-pc ~]#
```

Si queremos dejar de tener login en el servidor debemos ejecutar *docker logout SERVIDOR* de la siguiente forma:

```
[ger-pc ~]# docker logout 10.1.1.15:443
Removing login credentials for 10.1.1.15:443
[ger-pc ~]#
```

Poniéndole interfaz gráfica al docker registry

Si necesitamos gestionar *docker registry* con una interfaz gráfica podemos encontrar una interfaz bastante útil en la siguiente URL: https://github.com/Joxit/docker-registry-ui

Esta interfaz podemos levantarla con la siguiente sintaxis:

```
docker run -d -p 80:80 -name drui -e
URL=http://DOCKER_REGISTR:PUERTO -e REGISTRY_URL=
http://DOCKER_REGISTR:PUERTO  -e DELETE_IMAGES=true
joxit/docker-registry-ui:static
```

O si es un *docker registry* con HTTPS:

```
docker run -d -p 80:80 -name drui -e
URL=https://DOCKER_REGISTR:PUERTO -e REGISTRY_URL=
https://DOCKER_REGISTR:PUERTO -e DELETE_IMAGES=true
joxit/docker-registry-ui:static
```

El servidor de docker-registry-ui soporta servidores con y sin autenticación, con sin SSL.
Este servidor solo es capaz de levantar en HTTP pero si se requiere HTTPS se puede poner un proxy inverso por delante para añadir la capa SSL.

Para poder utilizar la interfaz gráfica es necesario establecer algunas cabeceras en el servicio de docker registry. Para ello simplemente tenemos que modificar el fichero principal de configuración de docker-registry y montarlo al arrancar el contenedor.

Lo primero, siguiendo el ejemplo de creación de un *docker registry* con SSL creamos en la ruta "*/volumes/registry/config.yml*" el fichero de configuración de docker-registry, donde "*URL_DOCKER-REGISTRY-UI*" debe sustituirse por la URL del docker-registry-ui:

```
root@ger:~# cat /volumes/registry/config.yml
version: 0.1
log:
  fields:
    service: registry
storage:
  cache:
    blobdescriptor: inmemory
  filesystem:
    rootdirectory: /var/lib/registry
http:
  addr: :5000
  headers:
    Access-Control-Allow-Origin: ['URL_DOCKER-REGISTRY-UI']
    Access-Control-Allow-Credentials: [true]
    Access-Control-Allow-Methods: ['HEAD', 'GET', 'OPTIONS','DELETE'] # Optional
    Access-Control-Allow-Headers: ['Authorization']
health:
  storagedriver:
    enabled: true
    interval: 10s
    threshold: 3
delete:
  enabled: true
```

Añadiendo la opción "*-v /volumes/registry/config.yml:/etc/docker/registry/config.yml*" al comando *docker run* utilizado para crear el docker registry, añadirá a *docker registry* las cabeceras necesarias para que funcione docker-registry-ui. Nosotros le añadimos la autenticación y el resultado es el que se puede ver en las siguientes imágenes:

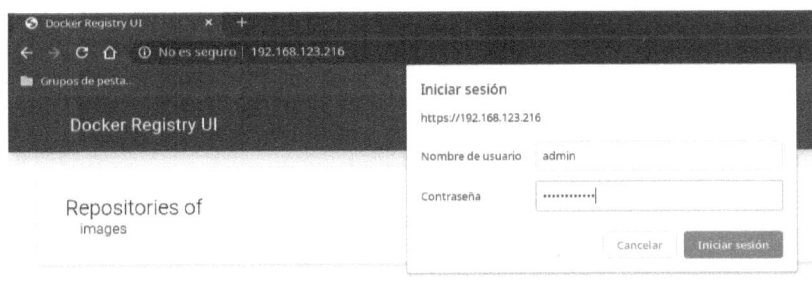

Al requerir autenticación pide usuario y password.

Como se aprecia en las siguientes imágenes, la imagen que añadimos anteriormente aparece listada:

Docker Registry UI

Repositories of
1 images

> arch

Docker Registry UI

← Tags of arch
Sourced from /arch
1 tags

Creation date	Size	Content Digest	Tag	History	
ago	123 MB		latest		

Gestión avanzada de docker

Docker-compose

Docker-compose es una utilidad para hacer despliegues de docker utilizando el lenguaje YAML. Tiene la ventaja de que utilizando *docker-dompose* tendremos guardada la forma de hacer el despliegue desde el primer momento, así si tenemos que eliminar los contenedores hacer el despliegue de nuevo o tenemos que hacer el despliegue en otro lugar podremos hacerlo exactamente de la misma forma que lo hicimos la primera vez.

Primeros pasos con docker-compose

En primer lugar vamos a poner un ejemplo muy simple de como levantar un contenedor docker con *docker compose*:

Lo primero que tienes que saber es que un requisito para funcionar con docker-compose es tener *python* y *pip* en el sistema.

Para empezar tenemos que instalar la utilidad docker-compose, para ello debemos ejecutar el comando **pip install docker-compose** como **root** o bien desde un usuario ejecutar ***sudo pip install docker-compose.***

Un ejemplo de la instalación:

```
[ger@ger-pc]$ sudo pip install docker-compose
[sudo] password for ger:
Collecting docker-compose
  Downloading docker_compose-1.25.5-py2.py3-none-any.whl (139 kB)
     |████████████████████████████████| 139 kB 3.2 MB/s
Requirement already satisfied: requests<3,>=2.20.0 in /usr/lib/python3.8/site-packages (from docker-compose) (2.23.0)
Collecting websocket-client<1,>=0.32.0
  Downloading websocket_client-0.57.0-py2.py3-none-any.whl (200 kB)
     |████████████████████████████████| 200 kB 2.7 MB/s
```

```
Collecting jsonschema<4,>=2.5.1
  Downloading jsonschema-3.2.0-py2.py3-none-any.whl (56 kB)
     |████████████████████████████████| 56 kB 2.6 MB/s
Collecting docker[ssh]<5,>=3.7.0
  Downloading docker-4.2.0-py2.py3-none-any.whl (143 kB)
     |████████████████████████████████| 143 kB 3.3 MB/s
Collecting texttable<2,>=0.9.0
  Downloading texttable-1.6.2-py2.py3-none-any.whl (10 kB)
Collecting cached-property<2,>=1.2.0
  Downloading cached_property-1.5.1-py2.py3-none-any.whl (6.0 kB)
Requirement already satisfied: pycparser in /usr/lib/python3.8/site-packages (from cffi>=1.1->bcrypt>=3.1.3->paramiko>=2.4.2; extra == "ssh"->docker[ssh]<5,>=3.7.0->docker-compose) (2.20)
Installing collected packages: websocket-client, attrs, jsonschema, docker, texttable, cached-property, dockerpty, docker-compose
    Running setup.py install for dockerpty ... done
Successfully installed attrs-19.3.0 cached-property-1.5.1 docker-4.2.0 docker-compose-1.25.5 dockerpty-0.4.1 jsonschema-3.2.0 texttable-1.6.2 websocket-client-0.57.0
[ger-pc]#
```

Para levantar un contenedor con nginx por ejemplo, una vez instalado docker-compose ya podemos utilizar docker-compose, para ello creamos el fichero ***docker-compose.yml*** con el siguiente contenido (es importante que tenga este nombre el fichero):

```
version: '3'
services:
    webserver:
        image: "nginx:alpine"
        ports:
            - "80:80"
```

Como podéis ver en el fichero la primera línea indica la versión, después le decimos los servicios (contenedores) que vamos a levantar a continuación indicamos el nombre del contenedor justo debajo con una identanción la imagen en la que se basará. Las 2 últimas líneas representan los puertos que se mapearán. Más adelante explicaremos los comandos básicos de la sintaxis de docker-compose.

Ya tenemos el fichero definido, por lo que podemos ejecutar el siguiente comando para levantar el contenedor desde dentro del directorio donde tenemos el fichero creado:

```
docker-compose up
```

Con el comando anterior creamos el docker con *attach*, para crearlo en *detached mode* hay que añadir la opción *-d* de la siguiente forma:

```
docker-compose up -d
```

Ejemplo:

```
[ger-pc docker-compose]# cat docker-compose.yml
version: '3'
services:
    webserver:
        image: "nginx:alpine"
        ports:
            - "80:80"
[ger-pc docker-compose]# docker ps -a
CONTAINER ID        IMAGE                           COMMAND
CREATED             STATUS                          PORTS
NAMES
[ger-pc docker-compose]# docker-compose up -d
Creating docker-compose_webserver_1 ... done
[ger-pc docker-compose]# docker ps -a
CONTAINER ID        IMAGE                           COMMAND
CREATED             STATUS                          PORTS
NAMES
df67da6ba693        nginx:alpine                    "nginx -g 'daemon of…"
5 seconds ago       Up 1 second                     0.0.0.0:80->80/tcp
docker-compose_webserver_1
[ger-pc docker-compose]#
```

De hecho si accedemos al puerto *80* de *localhost* tendremos respuesta de ese contenedor:

ⓘ localhost

Grupos de pesta...

Welcome to nginx!

If you see this page, the nginx web server is successfully installed and working. Further configuration is required.

For online documentation and support please refer to nginx.org.
Commercial support is available at nginx.com.

Thank you for using nginx.

Sintaxis básica de docker-compose

En este apartado veremos la sintaxis que es rigurosamente necesario conocer en mi opinión.

En la web https://docs.docker.com/compose/compose-file/ podemos encontrar la referencia completa de la sintaxis de docker-compose.

Lo primero explicar que hay 3 versiones de sintaxis y la matriz de compatibilidad de estas la siguiente (se ha extraído de la web del enlace anterior):

Versión de archivo de compose	Versión de Docker Engine
3.8	19.03.0+
3.7	18.06.0+
3.6	18.02.0+
3.5	17.12.0+
3.4	17.09.0+
3.3	17.06.0+
3.2	17.04.0+
3.1	1.13.1+
3.0	1.13.0+
2.4	17.12.0+
2.3	17.06.0+
2.2	1.13.0+
2.1	1.12.0+
2.0	1.10.0+
1.0	1.9.1.+

Es importante destacar que las identanciones de los ficheros son muy importantes a veces cuando se copian del libro se deforman, si haces *copy-paste* de alguno de los ficheros de configuración, asegúrate de que las identanciones sean iguales en el fichero de destino a que si la posición cambia no se comportará igual

Nosotros usaremos la versión "*3*". A continuación empezamos a definir la sintaxis.

Build

Este comando indica en que directorio hay un *dockerfile* que tiene que "*compilar*" para crear una imagen y utilizarla como base para ese servicio (contenedor).

Su sintaxis puede ser de varias formas:

La forma básica, definiendo solamente el directorio del *dockerfile* (donde *./DIRECTORIO* es el directorio donde se encuentra el fichero *dockerfile*)

```
version: "3"
services:
  webserver:
    build: ./DIRECTORIO
```

También puede definirse un nombre específico del fichero dockerfile y argumentos (el directorio pasa a estar definido en *context*), los argumentos son las variables de entorno accesibles durante el proceso de creación de la imagen:

```
version: "3"
services:
  webserver:
    build:
        context: ./DIRECTORIO
        dockerfile: OTRO-NOMBRE-DOCKERFILE
        args:
            buildno: 10
```

Y también se puede definir el nombre de la imagen que se creará y el tag:

```
version: "3"
services:
  webserver:
    build: ./DIRECTORIO
    image: NOMBRE_IMAGEN:TAG
```

Un ejemplo de como funcionaría lo anterior:

```
[ger-pc docker-compose]# cat docker-compose.yml
version: "3"
services:
    webserver:
        build: .
        image: nginx-custom

[ger-pc docker-compose]# cat Dockerfile FROM nginx:alpine
RUN echo "Soy una prueba de imagen con nginx" >
/usr/share/nginx/html/index.html
[ger-pc docker-compose]# docker ps -a
CONTAINER ID          IMAGE                COMMAND
CREATED               STATUS               PORTS
NAMES
[ger-pc docker-compose]# docker-compose up -d
Building webserver
Step 1/2 : FROM nginx:alpine
 ---> 89ec9da68213
Step 2/2 : RUN echo "Soy una prueba de imagen con nginx" >
/usr/share/nginx/html/index.html
 ---> Running in 70a27ed7f5c4
Removing intermediate container 70a27ed7f5c4
 ---> 388317ff07bb
Successfully built 388317ff07bb
Successfully tagged nginx-custom:latest
WARNING: Image for service webserver was built because it did
not already exist. To rebuild this image you must use `docker-
compose build` or `docker-compose up --build`.
Creating docker-compose_webserver_1 ... done
[ger-pc docker-compose]# docker ps -a
CONTAINER ID          IMAGE                COMMAND
CREATED               STATUS               PORTS
NAMES
b45231baf957          nginx-custom         "nginx -g 'daemon of…"
4 seconds ago         Up 3 seconds         80/tcp
docker-compose_webserver_1
[ger-pc docker-compose]#
```

Image

Como vimos anteriormente el comando "*image*" sirve para especificar la imagen a utilizar como base para el contenedor:

Su sintaxis:

```
Image: IMAGE:TAG
```

Un ejemplo:

```
version: "3"
services:
    webserver:
        image: nginx:alpine
```

Ports

El comando *ports* mapea puertos de una dirección IP del anfitrión a un puerto del contenedor como lo haría la opción "*-p*" del comando *docker run*.

Su sintaxis es:

```
ports:
    - PUERTO
```

Un ejemplo:

```
[ger-pc docker-compose]# cat docker-compose.yml
version: "3"
services:
    mi_registry:
        image: registry:2
        ports:
            - "5000:5000"
```

Expose

El comando *expose* informa de los puertos que tiene a la escucha el contenedor. A diferencia del comando "*ports*" solo tendrán acceso a estos puertos los contenedores enlazados con "*link*".

Si sintaxis es:

```
expose:
  - "PUERTO"
```

Por ejemplo en un servidor web:

```
expose:
  - "80"
  - "443"
```

Container_name

Si añadimos el comando "*container_name*" podemos especificar el nombre completo para que no pase como en los ejemplos anteriores donde el nombre del servicio solo formaba parte del nombre. Este comando solo se puede utilizar en *standalone*, en *swarm mode* se ignora. La sintaxis es:

```
container_name: my-web-container
```

Un ejemplo:

```
[ger-pc docker-compose]# cat docker-compose.yml
version: "3"
services:
    webserver:
      image: nginx:alpine
      container_name: webserver

[ger-pc docker-compose]# docker-compose up -d
Creating webserver ... done
[ger-pc docker-compose]# docker ps
CONTAINER ID           IMAGE                COMMAND
CREATED                STATUS               PORTS
NAMES
a058b95956b8           nginx:alpine         "nginx -g 'daemon of…"
6 seconds ago          Up 3 seconds         80/tcp
webserver
[ger-pc docker-compose]#
```

Devices

El comando *devices* sirve para poderle "*pasar*" al docker que crearemos un determinado dispositivo. Podemos pasarle un dispositivo de bloque de almacenamiento, un USB, etc. Su sintaxis es:

```
devices:
  - "/dev/DISPOSITIVO_ANFITRION:/dev/DISPOSITIVO_DOCKER"
```

Un ejemplo

```
devices:
  - "/dev/ttyUSB0:/dev/ttyUSB0"
```

Utiliza la misma sintaxis que la opción *--device* del comando *docker run*.

Dns

Podemos especificar DNS personalizados dentro de un docker con la opción *dns* para ello usaremos la siguiente sintaxis:

```
dns:
     - SERVER1
     - SERVER2
```

Por ejemplo:

```
dns:
    - 8.8.8.8
    - 1.1.1.1
```

Entrypoint

Tiene la misma función que el *entrypoint* de *docker run* y el de *dockerfile* y se puede definir de la siguiente forma:

```
entrypoint: ["COMANDO","ARGUMENTO1","ARGUMENTO_N"]
```

Por ejemplo:

```
entrypoint: ["/myscript.sh","-d"]
```

Environment

El comando *environment* sirve para definir variables de entorno para el docker que vamos a crear. Tiene la misma función que el parámetro *-e* de *docker run* y *docker créate*. Su sintaxis es:

```
environment:
    - VAR1: VALUE
    - VAR2: VALUE
```

Por ejemplo, si estamos definiendo variables de una imagen de docker que acepta la variable "*SERVICE_PORT*" para cambiar el puerto en el que escucha un servicio, podemos hacerlo de la siguiente forma:

```
environment:
    - SERVICE_PORT: 8080
```

Un ejemplo real, el deploy de un docker-registry con el puerto cambiado al puerto 80:

```
[ger-pc docker-compose]# cat docker-compose.yml
version: "3"
services:
    mi_registry:
      image: registry:2
      environment:
         - REGISTRY_HTTP_ADDR=0.0.0.0:80
      ports:
         - "80:80"

[ger-pc docker-compose]# docker-compose up -d
Creating docker-compose_mi_registry_1 ... done
[ger-pc docker-compose]# docker ps -a
CONTAINER ID        IMAGE                     COMMAND
CREATED                     STATUS                     PORTS
NAMES
e9a5be3a6ca2         registry:2              "/entrypoint.sh /etc…"
About a minute ago    Up About a minute    0.0.0.0:80->80/tcp,
5000/tcp     docker-compose_mi_registry_1
[ger-pc docker-compose]# curl localhost/v2/_catalog
{"repositories":[]}
[ger-pc docker-compose]#
```

Extra_hosts

Este comando mapea un hostname a una IP para poder utilizarlo fácilmente. Es igual que la opción *--add-host* del comando *docker run*. En definitiva, añadirá al fichero */etc/hosts* del docker que cree el mapeo indicado. Su sintaxis es la siguiente:

```
extra_hosts:
    - "HOSTNAME_SERVIDOR1:IP"
```

Por ejemplo:

```
extra_hosts:
    - "webserver:10.1.1.1"
```

Links

El comando *link* de *docker-compose* utiliza la opción *--link* de *docker run* para crear el link. Esta es una opción heredada de otras versiones y puede llegar a ser eliminada. Desde la documentación oficial se recomienda no utilizarla al no ser que sea necesario.

Para reemplazar esta opción se puede utilizar redes definidas por el usuario para comunicar dos contenedores o más.

Una característica que no se puede reemplazar con las redes personalizadas son las variables de entorno compartidas, pero se pueden utilizar en su lugar otras opciones como por ejemplo volúmenes para compartir estas variables de entorno.

Su sintaxis es:

```
CONTAINER:
    links:
        - "CONTENEDOR1"
        - "CONTENEDOR2:ALIAS"
```

Un ejemplo:

```
version: '3'
services:
    db:
        image: "mysql:5.7"
    webserver:
        image: "nginx:alpine"
        ports:
            - "80:80"
        links:
            - "db"
```

External_links

Funciona exactamente igual que la opción anterior (*links*) pero aplica para hacer link a contenedores que se iniciaron fuera de este docker-compose actual. Es decir, nos sirve para hacer enlazar un contenedor que ya estaba funcionando.

Su sintaxis es muy parecida a la de links:

Su sintaxis es:

```
CONTAINER:
    External_links:
        - "CONTENEDOR1"
        - "CONTENEDOR2:ALIAS"
```

Un ejemplo:

```
[ger-pc docker-compose-links]# cat docker-compose.yml
version: '3'
services:
    webserver:
        image: "nginx:alpine"
        ports:
            - "80:80"
        external_links:
            - "db"
[ger-pc docker-compose-links]# docker ps
CONTAINER ID        IMAGE                   COMMAND
CREATED             STATUS                  PORTS
NAMES
604eac298e7e        ubuntu:18.04            "/bin/bash"            34
seconds ago         Up 32 seconds                                  db
[ger-pc docker-compose-links]# docker-compose up -d
Creating docker-compose-links_webserver_1 ... done
[ger-pc docker-compose-links]# docker ps -a
CONTAINER ID        IMAGE                   COMMAND
CREATED             STATUS                  PORTS
NAMES
7fbbe6324266        nginx:alpine            "nginx -g 'daemon of…"
8 seconds ago       Up 6 seconds            0.0.0.0:80->80/tcp
docker-compose-links_webserver_1
604eac298e7e        ubuntu:18.04            "/bin/bash"
51 seconds ago      Up 49 seconds
db
[ger-pc docker-compose-links]#
```

Como se puede apreciar el contenedor *db* ya existía y enlazamos el nuevo contenedor con él.

Logging

Este comando funciona como el parámetro *--log-driver* de *docker run*.

Con este comando podemos establecer las opciones de *login*, drivers etc. Su sintaxis es:

```
logging:
  driver: DRIVER
  options:
    OPCION: VALOR
```

Los drivers pueden ser varios:

Volcado a *JSON* (opción por defecto):

```
driver: "json-file"
```

Enviamos el log al *syslog* de una maquina (el servicio de *syslog* debe estar corriendo en esa máquina):

```
driver: "syslog"
```

Driver para no sacar logs:

```
driver: "none"
```

Ejemplo:

```
logging:
  driver: syslog
  options:
    syslog-address: "tcp://192.168.144.32:123"
```

Aquí explicamos 3 drivers, se pueden ver más en
https://docs.docker.com/config/containers/logging/configure/

Labels

Para añadir metadatos como lo haríamos con *--label* en el comando *docker run* podemos utilizar el comando *labels* de docker compose.

Su sintaxis es la siguiente:

```
labels:
  - "com.milabel.description=MI_VALOR"
  - "com.milabel.nombre=MI_VALOR"
```

Networks

Con este comando podemos especificar que redes tiene un contenedor. Su sintaxis es:

```
services:
  mi_servicio:
    networks:
      - red1
      - red2
```

También podemos crear una red y añadirla con la siguiente sintaxis:

```
version: "3.8"

services:
  web:
    image: "nginx:alpine"
    networks:
      - new

  worker:
    image: "my-worker-image:latest"
    networks:
      - legacy

  db:
    image: mysql
    networks:
      new:
        aliases:
          - database
      legacy:
        aliases:
          - mysql

networks:
  new:
  legacy:
```

Para especificar el direccionamiento de las redes que estamos creando se hace con la siguiente sintaxis, en el ejemplo también se especifica la dirección con la que se crea un contenedor pero si no se especifica se obtiene una automáticamente:

```
version: "3.8"
services:
  app:
    image: nginx:alpine
    networks:
      app_net:
        ipv4_address: 172.16.238.10
        ipv6_address: 2001:3984:3989::10

networks:
  app_net:
    ipam:
      driver: default
      config:
        - subnet: "172.16.238.0/24"
        - subnet: "2001:3984:3989::/64"
```

* Ejemplos extraídos de la documentación oficial en
https://docs.docker.com/compose/compose-file/#networks

Restart

La política de reinicio se puede establecer con el comando *restart*. Este comando lo hace de una forma muy parecida a como lo hacemos con el parámetro *--restart* en el comando *docker run*. Su sintaxis es:

```
restart: "no"
restart: always
restart: on-failure
restart: unless-stopped
```

Volumes

Para especificar volúmenes en un contenedor con *docker-compose* sencillamente utilizamos la sintaxis de la opción *-v* del comando *docker run*.

En los siguientes ejemplos veremos cómo añadir un volumen y bind. Al igual que con la opción "*-v*" anteriormente, el volumen que no sea un bind, hay que crearlo.

Para hacerlo con un bind:

```
version: '3'
services:
    webserver:
        image: "nginx:alpine"
        ports:
            - "80:80"
        volumes:
            - "/var/docker_nginx_logs:/var/log/nginx/"
```

Para hacer lo mismo con un volumen:

```
version: '3'
services:
    webserver:
        image: "nginx:alpine"
        ports:
            - "80:80"
        volumes:
            - "log:/var/log/nginx/"
volumes:
    log:
```

Para ver opciones más avanzadas podemos ir a
https://docs.docker.com/compose/compose-file/#volumes

Tmpfs

Montar un punto de montaje temporal como lo haríamos con *--tmpfs* en *docker run*. La sintaxis es:

```
tmpfs:
    - /run
    - /tmp
```

Sysctls

Para insertar parámetros del kernel en el contenedor podemos usar el comando *sysctl* de *docker-compose*.

Su sintaxis es:

```
sysctls:
  - CLAVE=VALOR
  - CLAVE=VALOR
```

Ejemplo:

```
sysctls:
  - net.core.somaxconn=1024
  - net.ipv4.tcp_syncookies=0
```

Algunas opciones especiales de utilidad

Estas opciones hacen exactamente lo mismo que haría el parámetro con su nombre en el comando *docker run* son de utilidad en algunos casos específicos:

Especificar el usuario de arranque:

```
user: usuario
```

Especificar el directorio de ejecución:

```
working_dir: /mi_home
```

Especificar nombre de dominio

```
domainname: foo.com
```

Especificar hostname

```
hostname: mi_docker.local
```

Cambiar las opciones de namespace

```
ipc: host
```

Especificar una mac

```
mac_address: 02:42:ac:11:65:43
```

Especificar que el contenedor corre en modo "privilegiado"

```
privileged: true
```

Contenedor en solo lectura

```
read_only: true
```

Cambio de tamaño de /dev/shm

```
shm_size: 64M
```

Habilitar TTY (opción -t de *docker run*)

```
tty: true
```

Portainer.io

Portainer es un gestor web para docker, es capaz de gestionar varios nodos docker mediante la API de docker, mediante un cliente de portainer. También podemos gestionar clúster de swarm.
Es decir, desde una única interfaz web podemos gestionar muchos nodos de docker para desplegar contenedores, encenderlos apagarlo, destruirlos y en definitiva interactuar con ellos.

Desplegar portainer

Para desplegar portainer solamente necesitamos tener acceso un nodo de docker o bien a un clúster de swarm.

Una forma de desplegarlo:

```
docker volume create portainer_data
docker run -d -p 8000:8000 -p 9000:9000 --name=portainer --restart=always -v /var/run/docker.sock:/var/run/docker.sock -v portainer_data:/data portainer/portainer
```

Si quieres tener un bind en vez de un punto de montaje:

```
mkdir -p /volumes/portainer/data
docker run -d -p 8000:8000 -p 9000:9000 --name=portainer --restart=always -v /var/run/docker.sock:/var/run/docker.sock -v /volumes/portainer/data:/data portainer/portainer
```

Después tendríamos que crear los agentes en los nodos que queremos controlar desde portainer. Si queremos hacerlo sin agente, podemos hacerlo con la API, eso lo veremos más adelante.

Para crear un agente, solo hay que ejecutar en los nodos de docker (standalone, para clúster swarm es diferente la sentencia):

```
docker run -d -p 9001:9001 --name portainer_agent --restart=always -v /var/run/docker.sock:/var/run/docker.sock -v /var/lib/docker/volumes:/var/lib/docker/volumes portainer/agent
```

Así podríamos acceder ya a la parte web para hacer el setup inicial de portainer.

Ejemplo de despliegue:

```
[ger-pc]# mkdir -p /volumes/portainer/data
[ger-pc]# docker run -d -p 8000:8000 -p 9000:9000 --name=portainer --restart=always -v /var/run/docker.sock:/var/run/docker.sock -v /volumes/portainer/data:/data portainer/portainer
Unable to find image 'portainer/portainer:latest' locally
latest: Pulling from portainer/portainer
d1e017099d17: Pull complete
a7dca5b5a9e8: Pull complete
Digest: sha256:4ae7f14330b56ffc8728e63d355bc4bc7381417fa45ba0597e5dd32682901080
Status: Downloaded newer image for portainer/portainer:latest
d1c137aeabf98b221574cc7c778cb40d0606a409827b3187205f56cef34ecb13
 [ger-pc]# docker ps -a
CONTAINER ID        IMAGE                    COMMAND
CREATED             STATUS                   PORTS                   NAMES
d1c137aeabf9        portainer/portainer      "/portainer"
39 seconds ago      Up 37 seconds            0.0.0.0:8000->8000/tcp, 0.0.0.0:9000->9000/tcp   portainer
[ger-pc]#
```

Una vez lanzados los comandos anteriores y comprobado que el docker creado sigue corriendo, podemos acceder a la url http://DIRECCION_DOCKER:9000 en mi caso http://localhost:9000 para comenzar la instalación:

Como se puede ver en la imagen anterior ya podemos acceder al setup inicial, introducimos la password que queramos y pinchamos en "*create user*":

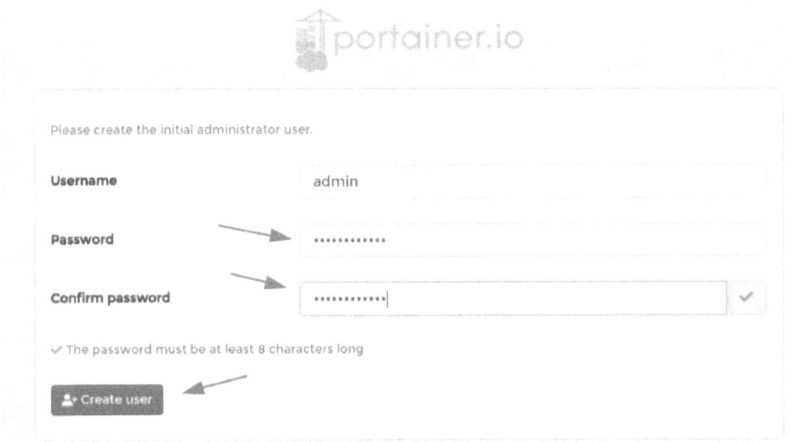

Ahora nos aparecerán las opciones de instalación del agente de portainer:

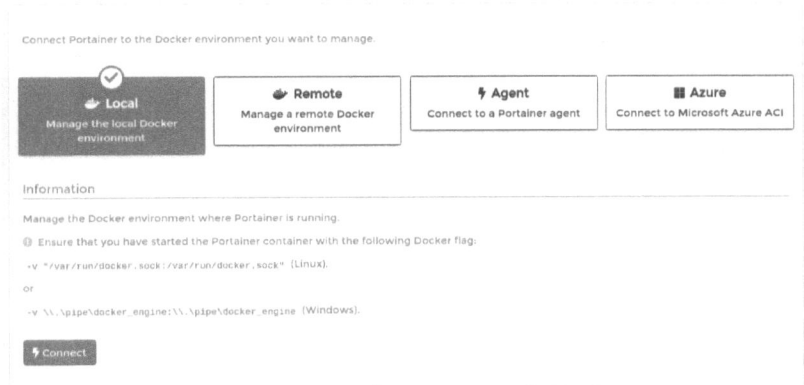

Local: Un docker en el mismo equipo
Remoto: API remota de docker. Para ello se debe configurar en el fichero */etc/docker/daemon.json* que el servicio escuche en el puerto adecuado añadiendo la clave (es un *JSON*, si hay una clave anterior, al final de la línea se debe añadir una coma):

```
"hosts": ["tcp://0.0.0.0:2376"]
```

Como se puede ver a continuación:

```
[ger-pc docker-compose]# cat /etc/docker/daemon.json
{
  "insecure-registries":
  [
     "registry.local:5000"
  ],
  "hosts":["tcp://0.0.0.0:2376"]
}
```

Después debemos reiniciar el servicio de docker:

```
systemctl restart docker
```

Si falla, es seguramente porque en el servicio tenemos configurada una opción "-H":

```
[ger-pc]# grep "H" /usr/lib/systemd/system/docker.service
ExecStart=/usr/bin/dockerd -H fd://
```

Para corregirlo, quitamos la opción "-H fd://" del fichero */usr/lib/systemd/system/docker.service* y ejecutamos:

```
systemctl daemon-reload && systemctl restart docker
```

Agente: Un agente de portainer creado como comentamos anteriormente
Azure: Conectar con la plataforma de MS Azure

Nosotros ejecutamos la instalación por agente, por lo que lo haremos así:

```
[ger-pc docker-compose]# docker run -d -p 9001:9001 --name portainer-agent --restart=always -v /var/run/docker.sock:/var/run/docker.sock -v /var/lib/docker/volumes:/var/lib/docker/volumes portainer/agent
Unable to find image 'portainer/agent:latest' locally
latest: Pulling from portainer/agent
d1e017099d17: Already exists
4aec77405d0d: Pull complete
129bd2930e33: Pull complete
71e6dda38d0d: Pull complete
Digest: sha256:88989d2dd0783524ab5af4bb8f4f4be2ac82c10188e17c6c6bda862bb7a5676d
Status: Downloaded newer image for portainer/agent:latest
61ab4d5420bcda34a3e7eca3b47bb92be175210a6c190ce1a4fe7b05d58d4206
```

Tras ejecutar esto y seleccionar "*Agent*" nos aparecerá la siguiente pantalla:

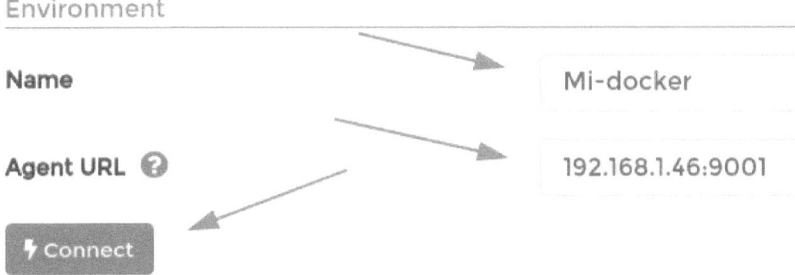

En el primer campo ponemos el nombre y en el segundo la IP de nuestro docker (puede ser localhost también), después de conectarlo ya tendremos nuestro portainer configurado:

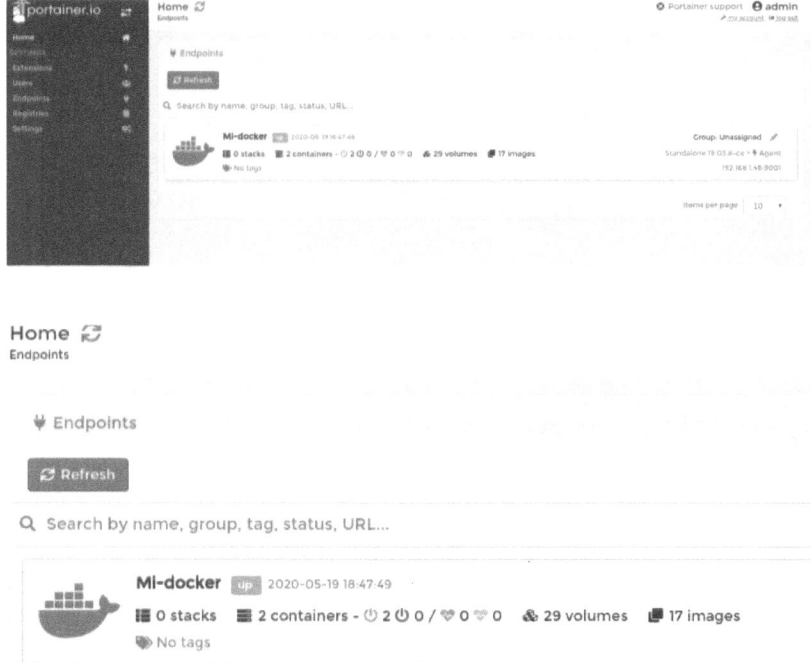

Home
Endpoints

▼ Endpoints

🔄 Refresh

🔍 Search by name, group, tag, status, URL...

Mi-docker `up` 2020-05-19 18:47:49
📋 0 stacks   ▦ 2 containers - ⏻ 2 ⏻ 0 / ♥ 0 ♥ 0   💾 29 volumes   🖼 17 images
🏷 No tags

Uso de portainer

Una vez instalado y configurado un nodo de docker en portainer se pueden gestionar múltiples aspectos.

Lo primero que veremos será como podemos administrar un *endpoint* de docker ya configurado y a groso modo las cosas más interesantes que se pueden hacer con esta utilidad.

Ver el estado general de un host de docker

Desde portainer, cuando accedemos veremos un resumen rápido de todo lo que contiene el servicio de docker de un host (como vimos en la imagen de finalización de la instalación).

Para ver todas las estadísticas hay que pinchar encima del nombre del host en el dashboard principal (la página a la que accedes después del *login*).

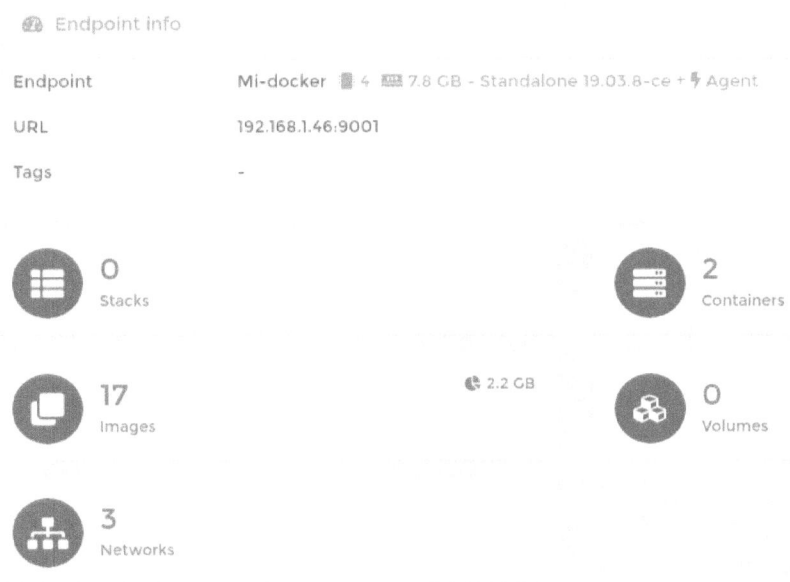

2 Containers
♥ 0 healthy   ⏻ 2 running
♥ 0 unhealthy ⏻ 0 stopped

0 Volumes

Administrar contenedores

Si pinchamos en el menú de navegación de la izquierda en "*Containers*" veremos el listado de contenedores creados en ese nodo, tanto encendidos como apagados, etc.

También hay un buscador para los contenedores, los podrás encontrar buscando el nombre, la IP, la imagen, o el puerto.

Si pinchas encima del nombre de un contenedor podrás acceder a la información completa del contenedor y a las opciones de administración:

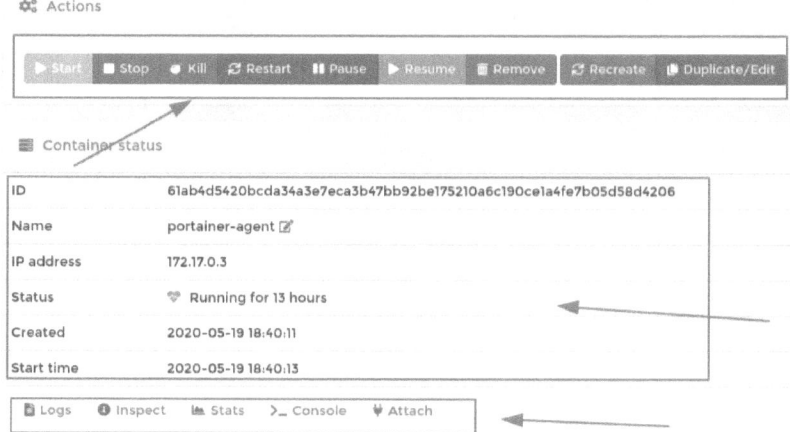

La primera flecha permite: Encender, parar, matar, reiniciar, pausar, reanudar, eliminar, recrear y duplicar.

La segunda flecha: nos da información del contenedor un poco más avanzada que la del listado.

La tercera flecha tiene los enlaces para: ver logs, ver el resultado de un docker inspect del contenedor, ver estadísticas y graficas de memoria, CPU y red. Acceder a una consola y adquirir la TTY de un contenedor.

* Graficas y estadísticas

* Consola

Desde dentro de la vista del contenedor también podremos cambiarlo de propietario, cambiar las políticas de reinicio, crear una imagen a partir del contenedor y administrar las redes a las que pertenece.

Volviendo al panel principal de contenedores donde nos aparece el listado, en la parte superior tenemos la opción de "+*Add container*" que como indica su nombre permite crear un contenedor. Si pinchamos en ese botón entraremos en un formulario en el cual nos pide los datos necesarios para crearlo, podemos seleccionar parámetros como *-i* o *-t* o ambos. Una vez seleccionadas todas las opciones solo hay que pinchar en "*deploy the container*".

Administrar imágenes

Para administrar las imágenes desde portainer debemos pinchar en "*images*" en el menú de navegación de la izquierda.

Al hacer esto veremos el siguiente panel:

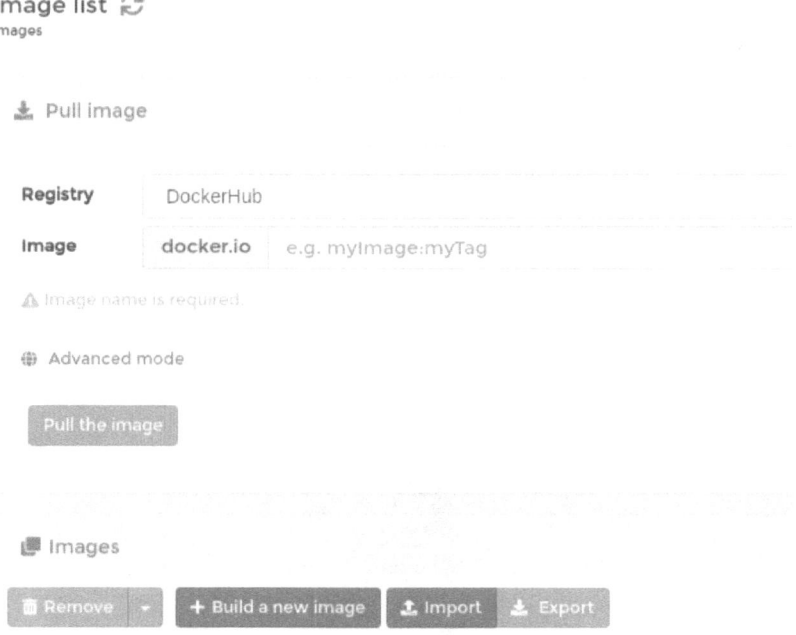

Como se puede ver, el panel permite hacer *pull* de una imagen desde *dockerhub* u otro docker-registry instalado, eliminar una imagen, crear una nueva, importar y exportar una imagen.

También se puede ver un listado de las imágenes disponibles en el nodo:

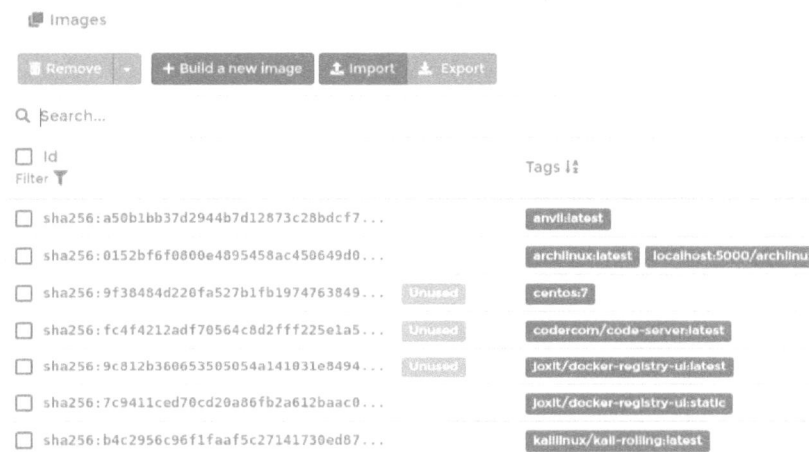

Si pinchamos encima de una de las imágenes de la lista tendremos acceso a todas las características de la imagen, podremos subirla a un *docker-registry*, etc.

Administrar volúmenes

Para ver este apartado debemos dirigirnos al menú de navegación y pinchar en "*volumes*". Cuando pinchemos en el enlace cargara un panel en el cual puedes ver el listado de volúmenes y buscarlos.

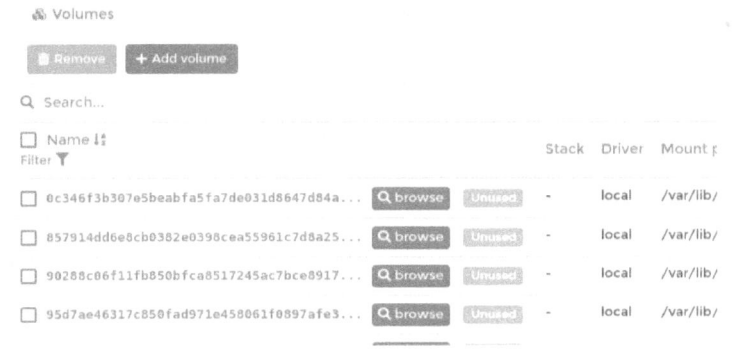

También puedes eliminar los existentes y crear nuevos.

Administrar redes

Al igual que en los anteriores, pinchamos en "*Networks*" desde el menú de navegación de la izquierda para administrar las redes.

Cuando accedemos a esta sección vemos que aparece el listado de redes existentes y tenemos la posibilidad de buscarlas por cada una de sus características:

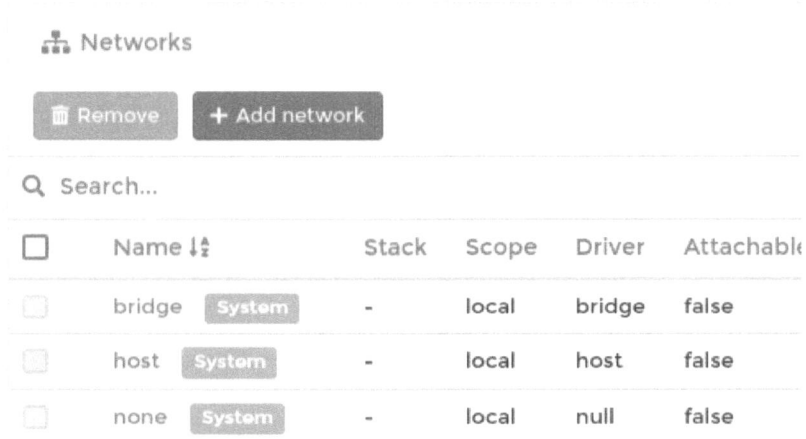

También podrás añadir y eliminar redes existentes.

Si pinchamos encima de una de las redes listadas podemos ver todas sus características incluido el direccionamiento y los contenedores que la usan. También podemos quitar la red de los contenedores donde esta presentada.

Ver eventos

En esta sección podremos ver el log global docker en el cual podemos ver la fecha y hora de creación, arranque, parada, eliminación etc de un contenedor, así como el nombre de este.

También se pueden realizar búsquedas por fecha, evento, nombre del contenedor, etc.

Administrar usuarios

Pinchando en la sección "*Users*" accederás a un panel en el que podrás tanto añadir nuevos usuarios como listar y buscar usuarios existentes e incluso eliminarlos.

También puedes administrar grupos y roles y los usuarios de estos.

Administrar endpoints

Los *endpoints* son nodos de docker que administra el portainer, puedes añadir o eliminar nodos desde esta sección con las mismas opciones que en el *setup* inicial.

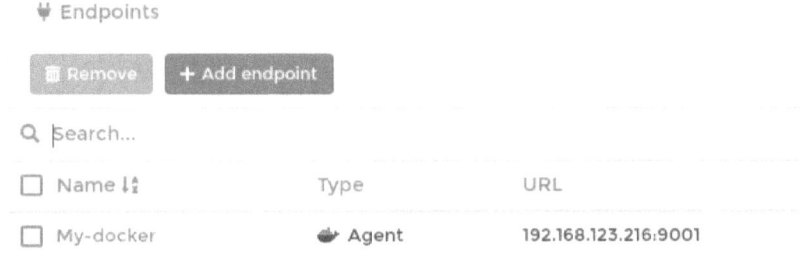

Crear *endpoint*:

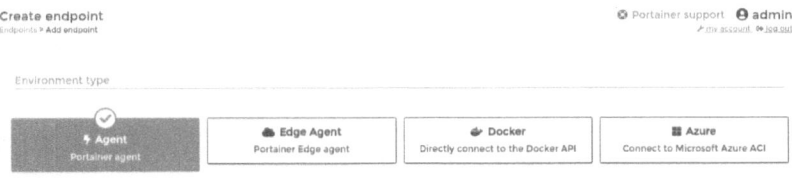

Administrar docker registries

Es posible añadir varios *docker registries* tanto con, como sin autenticación al igual que soporta *docker registries* con y sin SSL.

Una cosa a tener en cuenta es que si es un *docker-registry* inseguro es necesario añadirlo en el fichero *daemon.json* como vimos anteriormente para poder hacer *push* y *pull* de imágenes.

Si pinchamos en el menú de navegación de la izquierda en el elemento "*Registries*" podremos acceder a la administración de estos docker registries.

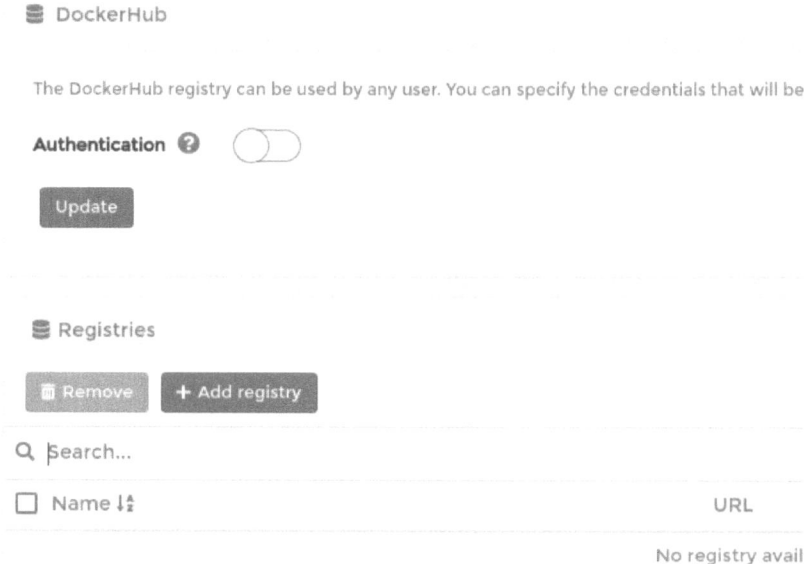

Si pinchamos en "+*Add registry*" aparecerá un menú con las opciones y *flags* para añadir el *docker-registry* pudiendo seleccionar si requiere autenticación o no y el tipo de *docker-registry*.

Métricas con Prometheus

¿Qué es prometheus? Es un sistema de monitorización y alertas. Aquí veremos cómo configurar *Prometheus* en *Docker*.

Configurando Docker

Como en otras ocasiones, para añadir parámetros especiales al servicio de docker, debemos crear/modificar el fichero de configuración del servicio de docker que se encuentra (y si no hay que crear el fichero) en la ruta:

- Linux: /etc/docker/daemon.json
- Para más información puedes ver el capítulo de configuración del servicio de docker

Hay que añadir el siguiente contenido (si hay más contenido añadir solo lo que está entre las llaves):

```
{
  "metrics-addr" : "dirección_de_prometheus:9323",
  "experimental" : true
}
```

En nuestro caso:

```
{
  "metrics-addr" : "0.0.0.0.:9323",
  "experimental" : true
}
```

Y después se puede verificar el contenido del fichero para ver si es un JSON valido pegando el contenido en herramientas como esta
https://jsonformatter.curiousconcept.com/

Tras verificar que es un JSON valido, debemos reiniciar el servicio de docker en Linux:

```
systemctl restart docker
```

Preparando el deploy de Prometheus

Ahora creamos la estructura de directorios (desde root):

```
mkdir -p /var/docker/volumes/prometheus
```

Hecho esto, creamos el fichero de configuración de *Prometheus* en */var/docker/volumes/prometheus/prometheus.yml* en mi caso la dirección de mi docker es **192.168.1.46** por lo que tenemos que sustituir esta dirección por la de tu docker:

```
global:
  scrape_interval:     15s # Set the scrape interval to every 15 seconds. Default is every 1 minute.
  evaluation_interval: 15s # Evaluate rules every 15 seconds. The default is every 1 minute.
  # scrape_timeout is set to the global default (10s).

  # Attach these labels to any time series or alerts when communicating with
  # external systems (federation, remote storage, Alertmanager).
  external_labels:
      monitor: 'codelab-monitor'

rule_files:
  # - "first.rules"
  # - "second.rules"

scrape_configs:
  # The job name is added as a label `job=<job_name>` to any timeseries scraped from this config.
  - job_name: 'prometheus'

    # metrics_path defaults to '/metrics'
    # scheme defaults to 'http'.

    static_configs:
      - targets: ['localhost:9090']

  - job_name: 'docker'
        # metrics_path defaults to '/metrics'
        # scheme defaults to 'http'.
    static_configs:
      - targets: ['192.168.1.46:9323']
```

Ahora creamos el contenedor de *Prometheus* con el siguiente comando:

```
docker run -it -d --restart always --name my-prometheus --mount type=bind,source=/var/docker/volumes/prometheus/prometheus.yml,destination=/etc/prometheus/prometheus.yml -p published=9090,target=9090,protocol=tcp      prom/prometheus
```

Desde la interfaz ya se podrán crear gráficas y leer los datos obtenidos desde las estadísticas de docker.

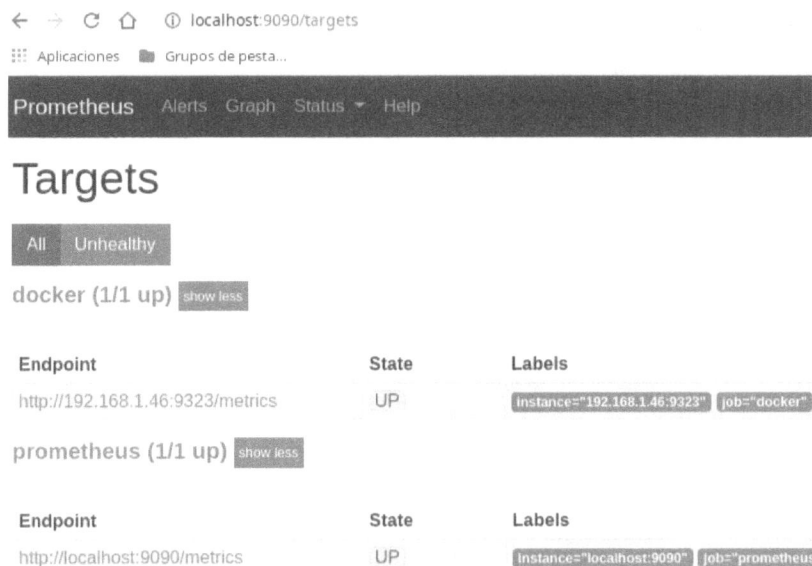

Esta es una adaptación para *docker standalone* de la documentación oficial en la cual se monta *prometheus* para *docker swarm*. Se pueden ver más características de la instalación en https://docs.docker.com/config/daemon/prometheus/

Para ver más información sobre *prometheus* puedes dirigirte a https://prometheus.io/ en esta web puedes ver documentación y cursos.

Despliegue de aplicaciones

En este apartado vamos a ver como desplegar una aplicación de monitorización llamada *Zabbix*. Esta aplicación está compuesta por varios servicios básicos:

- Panel web
- Servidor de monitorización
- Base de datos

Estos servicios van a ser desplegado cada uno en un contenedor distinto.

La parte clave es que solo expondremos fuera del conjunto de contenedores los puertos necesarios para el funcionamiento sin exponer puertos de *MySQL* ni otros puertos de servicios que solo debe ser visible entre estos contenedores pero no desde el exterior.

Creando el servidor de MySQL

Lo primero para crear los servidores de docker es crear un servidor de bases de datos. En nuestro caso usaremos MySQL 5.7.

Para empezar a crearlo, lo primero es crear la estructura de directorios.

Directorios de volumen de MySQL

Tenemos que crear el directorio que se montará en /var/lib/mysql en el contenedor de MySQL, para ello ejecutamos:

```
mkdir -p /var/dockervolumes/db01/mysql
```

Luego creamos el fichero /var/dockervolumes/db01/docker.cnf que contendra la configuración de MySQL para nuestro Zabbix. En este fichero se puede añadir el tunning que necesites para MySQL:

```
skip-host-cache
skip-name-resolve
server_id=1
expire_logs_days = 10
query_cache_size=0
query_cache_type=0
```

Para crear el servidor de base de datos ejecutamos el siguiente comando sustituyendo «PASSWD_ROOT» por nuestra contraseña:

```
docker run --name db  -d --restart always -e "MYSQL_ROOT_PASSWORD=PASSWD_ROOT" -v /var/dockervolumes/db01/mysql/:/var/lib/mysql -v /var/dockervolumes/db01/docker.cnf:/etc/mysql/conf.d/docker.cnf mysql:5.7
```

Crear servidor de Zabbix

Al igual que hemos hecho antes, para crear el servidor de zabbix necesitamos crear el árbol de directorio a utilizar, para ello ejecutamos:

```
mkdir -p /var/dockervolumes/zabbix_server
```

Y luego para crear el servidor de Zabbix solo debemos ejecutar el siguiente comando sustituyendo «PASSWD_ROOT» por la password que hemos definido en la base de datos y «PASSWD» por la password que queramos poner en nuestro usuario de base de datos zabbix:

```
docker run -it -d --restart unless-stopped --link db -p
10051:10051 -e "DB_SERVER_HOST=db" -e "MYSQL_USER=zabbix" -e
"MYSQL_PASSWORD=PASSWD" -e "MYSQL_ROOT_PASSWORD=PASSWD_ROOT" -
e "MYSQL_DATABASE=zabbix" -e "ZBX_STARTJAVAPOLLERS=5" -e
"TZ=Europe/Madrid" --label "traefik.enable=false" --label
"com.zabbix.os:'alpine'" --label "com.zabbix.dbtype:'mysql'" -
-label "com.zabbix.component:'zabbix-server'" -v
/var/dockervolumes/zabbix_server/externalscripts:/usr/lib/zabb
ix/externalscripts:ro -v
/var/dockervolumes/zabbix_server/alertscripts:/usr/lib/zabbix/
alertscripts:ro -v
/var/dockervolumes/zabbix_server/modules:/var/lib/zabbix/modul
es:ro -v
/var/dockervolumes/zabbix_server/enc:/var/lib/zabbix/enc:ro -v
/var/dockervolumes/zabbix_server/ssh_keys:/var/lib/zabbix/ssh_
keys:ro -v
/var/dockervolumes/zabbix_server/mibs:/var/lib/zabbix/mibs:ro
-v
/var/dockervolumes/zabbix_server/snmptraps:/var/lib/zabbix/snm
ptraps:ro --name zabbix-server zabbix/zabbix-server-
mysql:alpine-latest
```

Panel de control web de Zabbix

Con esto ya tendríamos un servidor de zabbix sin la parte web. Para crear la parte web debemos ejecutar la siguiente instrucción en la cual hay que sustituir «PASSWD_ROOT» por la password que hemos definido en la base de datos y «PASSWD» por la password que queramos poner en nuestro usuario de base de datos zabbix y MI_SERVER_DE_ZABBIX por el hostname de tu zabbix:

```
docker run -it -d --restart unless-stopped --link db -e
"DB_SERVER_HOST=db" -e "MYSQL_USER=zabbix" -e
"MYSQL_PASSWORD=PASSWD" -e "MYSQL_ROOT_PASSWORD=PASSWD_ROOT" -
e "MYSQL_DATABASE=zabbix" -e
"ZBX_SERVER_NAME=MI_SERVER_DE_ZABBIX" -e
"PHP_TZ=Europe/Madrid" -e "TZ=Europe/Madrid" --label
"traefik.backend=zabbix" --label "com.zabbix.os:'alpine'" --
label "com.zabbix.dbtype:'mysql'" -p 80:8080 --label
"com.zabbix.component:'zabbix-web'" --label
"traefik.enable=false" --link zabbix-server --name zabbix-web
zabbix/zabbix-web-apache-mysql:alpine-latest
```

Tras esto ya podemos hacer login en nuestro nuevo Zabbix nos dirigimos a la dirección del servidor anfitrión donde lo hemos instalado así: http://DIRECCION (o si lo hemos hecho en nuestro docker local, en http://localhost). Allí nos pedirá usuario y contraseña, por defecto es:

```
Usuario: Admin
Password: zabbix
```

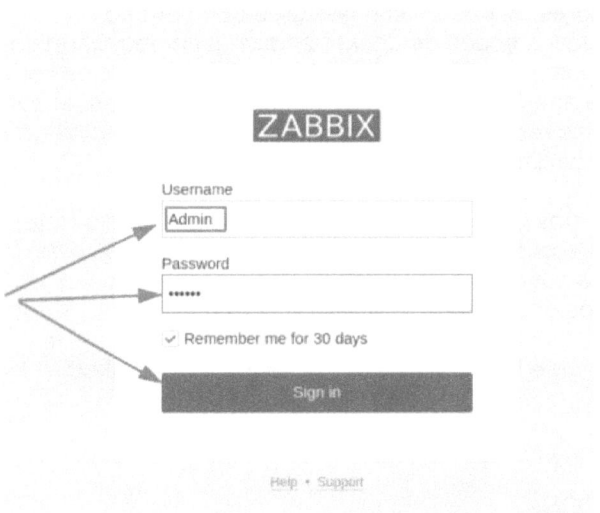

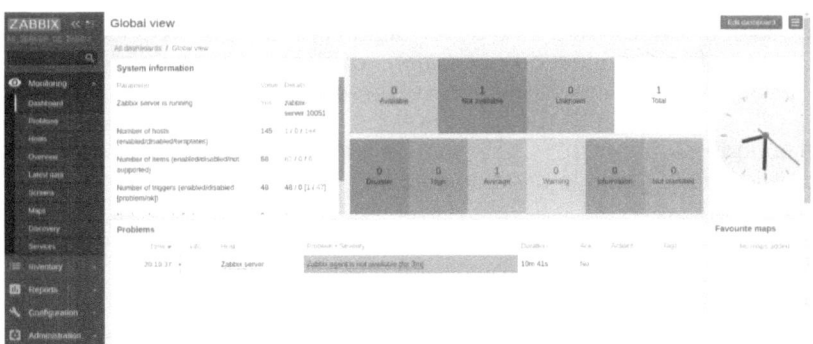

Debes cambiarlo al acceder la primera vez.

Orquestadores

Los orquestadores de docker son gestores que permiten administrar muchos nodos de docker al mismo tiempo, permitiendo replicación de las instancias de los contenedores en varios nodos, gestionando la alta disponibilidad de estos contenedores, el control de versiones, las redes y su tráfico y muchos más aspectos de docker para organizar verdaderos clúster.

Cada uno de estos orquestadores merece un libro propio (que próximamente escribiré) y como no se puede resumir en este capítulo mucho conocimiento sobre ellos sin perder la esencia, simplemente los describiré.

Hay principalmente dos grandes orquestadores de docker:

Kubernetes

El orquestador Kubernetes está desarrollado por Google y Donado a la Cloud Native Computing Foundation, que forma parte de la Linux Fundation. La primera versión se liberó en 2015.

Tiene soporte para múltiples sistemas de contenedores pero la mayor parte de la gente lo usa con docker.

Tiene un diseño basado en *pods* (conjunto de uno o más contenedores), *replicaSets* (conjunto de uno o más pods) y *deployments* (actualizaciones de *replicasets* y *pods*)

Docker Swarm

El orquestador Docker Swarm es una herramienta incluida en el paquete de docker desde la versión 1.12.0. Al igual que Kubernetes permite la gestión de múltiples nodos.

Se basa en la arquitectura maestro-esclavo. Cada clúster de Docker Swarm está formado por un nodo maestro o administrador N nodos esclavos o workers.

El nodo maestro se encarga de la gestión del clúster y de gestionar las tareas que delegara en los workers.

El nodo esclavo se encarga de ejecutar las tareas y los contenedores de los servicios de docker.

Los servicios son conjuntos de tareas y contenedores que deben ejecutarse en el clúster.

Hay servicios replicados y servicios globales. Los servicios replicados ejecutan un numero de réplicas definido por el usuario y los servicios replicados se pueden escalar, es decir un usuario pude crear replicas adicionales. Por lo que una aplicación que se ejecuta en una réplica puede llegar a estar corriendo en 50 réplicas introduciendo una simple orden en docker.

En Los servicios globales cada nodo disponible inicia una tarea para un servicio en concreto. En cuanto se añaden nodos al clúster se le añaden tareas.

Docker vs Kubernetes

Kubernetes está basado en el uso de contenedores por parte de Google en sus sistemas productivos añadiendo a estos una capa de escalabilidad y gestión.

Docker Swarm es de los creadores de docker y es su orquestador por defecto, usa la API estándar y su red. Hace el mantenimiento muy sencillo y tiene mucho potencial. Además tiene la ventaja de que no hay que instalar software adicional a parte de docker.

En comparación a Kubernetes Docker Swarm puede hacer el deploy de contenedores de forma más rápida y esto es bueno para escalar un servicio bajo demanda.

En comparando docker swarm y Kubernetes a nivel de login y monitorización, docker swarm sale perdiendo ya que Kubernetes soporta más herramientas (Elasticsearch/Kibana, heapster/Grafana/Influx, etc) cuando los servicios son desplegados en el clúster.

Python y API de docker

Desde la API de docker para python se pueden realizar una gran variedad de operaciones. Se pueden crear contenedores, manejar los existentes, gestionar imágenes, etc.
Vamos por partes:

Instalando el paquete de api de docker

Partimos de la base de que ya tenemos docker instalado en el sistema (si no es así podemos ver cómo hacerlo en el artículo https://aprendeit.com/como-empezar-con-docker/). Por lo que el siguiente paso es instalar con *pip* el paquete de la API de docker.
Para empezar debemos instalar *pip* si no lo tenemos instalado.

En Centos 7:

```
yum install epel-release
yum -y install python-pip
```

En Debian:

```
# apt-get instal python-pip
```

Una vez instalado pip, instalamos el módulo de python «docker»:

```
root@host :~# pip install docker
Collecting docker
  Downloading https://files.pythonhosted.org/packages/e1/58/938fbc7acd98302ca4872f5eab8ab811498e342ab5aec0c1609f22e0aeda/docker-3.6.0-py2.py3-none-any.whl (131kB)
    100% |████████████████████████████████| 133kB 989kB/s
Requirement already satisfied: backports.ssl-match-hostname>=3.5; python_version < "3.5" in /usr/local/lib/python2.7/dist-packages (from docker) (3.5.0.1)
Requirement already satisfied: docker-pycreds>=0.3.0 in /usr/local/lib/python2.7/dist-packages (from docker) (0.4.0)
Requirement already satisfied: ipaddress>=1.0.16; python_version < "3.3" in /usr/lib/python2.7/dist-packages (from docker) (1.0.17) Requirement already satisfied: requests!=2.18.0,>=2.14.2 in /usr/local/lib/python2.7/dist-packages (from docker) (2.19.1)
Requirement already satisfied: six>=1.4.0 in /usr/lib/python2.7/dist-packages (from docker) (1.11.0)
Requirement already satisfied: websocket-client>=0.32.0 in /usr/local/lib/python2.7/dist-packages (from docker) (0.54.0)
```

```
Requirement already satisfied: idna<2.8,>=2.5 in
/usr/lib/python2.7/dist-packages (from
requests!=2.18.0,>=2.14.2->docker) (2.6)
Requirement already satisfied: certifi>=2017.4.17 in
/usr/local/lib/python2.7/dist-packages (from
requests!=2.18.0,>=2.14.2->docker) (2018.8.24)
Requirement already satisfied: chardet<3.1.0,>=3.0.2 in
/usr/local/lib/python2.7/dist-packages (from
requests!=2.18.0,>=2.14.2->docker) (3.0.4)
Requirement already satisfied: urllib3<1.24,>=1.21.1 in
/usr/local/lib/python2.7/dist-packages (from
requests!=2.18.0,>=2.14.2->docker) (1.23)
Installing collected packages: docker
Successfully installed docker-3.6.0
```

Ahora que ya tenemos instalado el módulo de python para trabajar con docker podemos empezar:

Por donde empezamos

Todo lo que vamos a hacer ahora se puede hacer desde la consola de python o desde un script, en este caso lo orientaremos a un script.

Declaramos el docker usado

En primer lugar debemos declarar cual es el docker que vamos a usar esto se puede hacer de varias formas:

```
import docker

client =
docker.DockerClient(base_url='unix://var/run/docker.sock')
```

Otra forma de declararlo es:

```
import docker

client = docker.from_env()
```

Crear contenedor y arrancarlos

Para crear contenedores y para todas las demás operaciones que mostraremos siempre debemos declarar primero el docker usado. Después llamaremos al método run, los parámetros son:
run(IMAGE,name=NOMBRE DEL CONTENEDOR, tty=True,detach=True, stdin_open=True)
Si la imagen no está descargada tardará un poco más, más adelante veremos cómo listar las imágenes disponibles.

```
import docker
#Declaramos declaramos el docker usado
client = docker.from_env()

client.containers.run("centos:7",name="Prueba1", tty=True, detach = True, stdin_open = True)
```

Listar contenedores

Cuando solicitemos el listado nos devolverá un array con los IDs de los contenedores generados. Al hacerlo con *containers.list()* es igual que si hiciésemos *docker ps*, solo nos muestra los levantados, para ver todos, es necesario ejecutarlo con el parámetro *all=True*, es decir *client.containers.list(all=True)*

```
import docker
#Declaramos declaramos el docker usado
client = docker.from_env()

lista = []
lista = client.containers.run("centos:7",name="Prueba1", tty=True, detach = True, stdin_open = True)
#Nos devolvera un array de objetos container como: [,]
```

Aquí se puede ver un ejemplo:

```
[root@dev ~]# docker ps -a
CONTAINER ID        IMAGE              COMMAND              CREATED
STATUS              PORTS              NAMES
[root@dev ~]# python
Python 2.7.5 (default, Jul 13 2018, 13:06:57)
[GCC 4.8.5 20150623 (Red Hat 4.8.5-28)] on linux2
Type "help", "copyright", "credits" or "license" for more information.
>>> import docker
>>> #Declaramos declaramos el docker usado
... client = docker.from_env()
>>>
>>> client.containers.run("centos:7",name="Prueba1", tty=True, detach = True, st
din_open = True)
<Container: 42b9db8c2e>
>>> client.containers.list()
[<Container: 42b9db8c2e>]
>>>
[root@dev ~]# docker ps -a
CONTAINER ID        IMAGE              COMMAND              CREATED
 STATUS             PORTS              NAMES
42b9db8c2ea6        centos:7           "/bin/bash"          About a minute ago
 Up About a minute                     Prueba1
[root@dev ~]#
```

Arrancar y parar contenedores

A partir de una lista de contenedores, podemos trabajar sobre ellos, apagándolos, eliminándolos y arrancándolos.

```python
import docker
#Declaramos declaramos el docker usado
client = docker.from_env()

lista = []
lista = client.containers.list(all=True)
for contenedor in lista:
    print("su id es {0} y su nombre {1}".format(contenedor.id,contenedor.name))
    print(contenedor.status)
    contenedor.stop()

lista = client.containers.list(all=True)
for contenedor in lista:
    print(contenedor.status)
    contenedor.start()

lista = client.containers.list(all=True)
for contenedor in lista:
    print(contenedor.status)
    contenedor.status()
```

En el anterior código hacemos varios bucles para actualizar el estado, el resultado sería:

```
[root@dev ~]# python
Python 2.7.5 (default, Jul 13 2018, 13:06:57)
[GCC 4.8.5 20150623 (Red Hat 4.8.5-28)] on linux2
Type "help", "copyright", "credits" or "license" for more information.
>>> import docker
>>> #Declaramos declaramos el docker usado
... client = docker.from_env()
>>>
>>> lista = []
>>> lista = client.containers.list(all=True)
>>> for contenedor in lista:
...     print("su id es {0} y su nombre {1}".format(contenedor.id,contenedor.name))
...     print(contenedor.status)
...     contenedor.stop()
...
su id es 0f5278995d793e6627ec1086094a38052e83089ee43fa150ed8e1fb55c6d6c0a y su nombre Prueba1
running
>>> lista = client.containers.list(all=True)
>>> for contenedor in lista:
...     print(contenedor.status)
...     contenedor.start()
...
exited
>>> lista = client.containers.list(all=True)
```

```
>>> for contenedor in lista:
...     print(contenedor.status)
...     contenedor.status()
...
running
```

Para eliminar un contenedor, primero debe estar parado y podemos hacerlo como hacemos con «.stop()» pero ponemos en su lugar «.remove()».

Listar imágenes

Para ver las imágenes se parece bastante a como lo hacemos con los contenedores, se llama al método «.*list()*» de imágenes:

```
import docker
#Declaramos declaramos el docker usado
client = docker.from_env()

lista = []
lista = client.images.list()
for image in lista:
    print(image.id)
    print(image.tags)
#Nos devolverá un array de objetos image con los datos de las
imagenes locales
```

Por ejemplo:

```
[root@dev ~]# python
Python 2.7.5 (default, Jul 13 2018, 13:06:57)
[GCC 4.8.5 20150623 (Red Hat 4.8.5-28)] on linux2
Type "help", "copyright", "credits" or "license" for more
information.
>>> import docker
>>> #Declaramos declaramos el docker usado
... client = docker.from_env()
>>>
>>> lista = []
>>> lista = client.images.list()
>>> for image in lista:
...     print(image.id)
...     print(image.tags)
...     #Nos devolverá un array de objetos image
...
sha256:1e1148e4cc2c148c6890a18e3b2d2dde41a6745ceb4e5fe94a923d8
11bf82ddb
[u'docker.io/centos:7']
sha256:dc496f71dbb587a32a007a0ffb420d1b35c55ec31cda99c0f533695
4623f8368
[u'docker.io/alpine:3.5']
sha256:174b26fe09c724368aa2c3cc8f2b979b915a33f7b50c94cd215380d
56147cd60
[u'docker.io/alpine:3.4']
sha256:c78b5648029c3636a0c6d056eeba8c3a2e970976342ee156155db19
ca81c6f5e
[u'docker.io/alpine:3.3']
sha256:4558d96d24b5acf7d9bdaa060124ae787fa38093eb00538b8837883
3de5a223d
[u'docker.io/alpine:3.2']
sha256:f36c4228b2c6863208de3a13f2e467476d00ab492416c0aadcfc0e2
47db1ee03
[u'docker.io/alpine:3.1']
sha256:de4761d9f0371cbace6a4c2ebef14b14ce30185a7fcedb5e04b1701
30e7e642d
[u'docker.io/alpine:edge']
sha256:196d12cf6ab19273823e700516e98eb1910b03b17840f9d5509f038
58484d321
[u'docker.io/alpine:3.8', u'docker.io/alpine:latest']
sha256:34ea7509dcad10aa92310f2b41e3afbabed0811ee3a902d6d49cb90
f075fe444
```

```
[u'docker.io/alpine:3.7']
sha256:94627dfbdf19f1344aae6ef72db6ff30c5148b60e1091de098807ec4b42febbc
[u'docker.io/alpine:3.6']
sha256:b1666055931f332541bda7c425e624764de96c85177a61a0b49238a42b80b7
f9
[u'docker.io/bfirsh/reticulate-splines:latest']
sha256:93f518ec2c41722d6c21e55f96cef4dc4c9ba521cab51a757b1d7272b393902f
[u'docker.io/alpine:2.7']
sha256:e738dfbe7a10356ea998e8acc7493c0bfae5ed919ad7eb99550ab60
d7f47e214
[u'docker.io/alpine:2.6']
```

Y esto es solo una pequeña parte de lo que se puede llegar a hacer, puede consultarse toda la información sobre la librería en https://docker-py.readthedocs.io/en/stable/client.html ya que es la web oficial.

Agradecimientos

En este tiempo que llego escribiendo me he dado cuenta de que realmente hay mucha gente a la que agradecer que este libro sea posible. En primer lugar a *R.Del toro* que en su día me hizo probar docker (aunque yo era un poco reticente). Por otro lado a *M. Pedras* que me hablaba siempre de esta "*Nueva tecnología*" y me hizo investigar sobre el tema.

Por otro lado me gustaría agradecer a *T.M.T.* su paciencia y ayuda a la hora de poder tener tiempo para dedicar a los proyectos.

También me gustaría agradecerle a *J.G.U.* su ayuda para revisar el libro.

www.ingramcontent.com/pod-product-compliance
Lightning Source LLC
Chambersburg PA
CBHW021408210526
45463CB00001B/265